图书在版编目（CIP）数据

极简地理学 /（英）威尔 · 威廉斯著；张梦茜译
. -- 北京：中信出版社，2019.4（2024.4 重印）
书名原文：Geography in Bite-Sized Chunks
ISBN 978-7-5217-0024-4

I. ①极… II. ①威… ②张… III. ①地理学－普及
读物 IV. ① K90-49

中国版本图书馆 CIP 数据核字（2019）第 024305 号

极简地理学
著者：［英］威尔 · 威廉斯
译者：张梦茜
出版发行：中信出版集团股份有限公司
（北京市朝阳区东三环北路 27 号嘉铭中心 邮编 100020）
承印者：北京通州皇家印刷厂

开本：787mm×1092mm 1/32　印张：5.75　字数：68 千字
版次：2019 年 4 月第 1 版　印次：2024 年 4 月第 8 次印刷
京权图字：01-2018-6804　书号：ISBN 978-7-5217-0024-4
审图号：GS 京（2023）2211 号（此书中插图系原文插图）
定价：39.00 元

理 学

GEOGRAPHY IN BITE-SIZED CHUNKS

[英] 威尔·威廉斯/著
张梦茜/译
马志飞/审校

中信出版集团 | 北京

极简通识系列

目 录

中文版推荐序

前不久，我在网上看到一首俏皮的打油诗："看这江山美如画，本想吟诗赠天下。奈何自己没文化，只能感慨好美啊。"

虽说这只是自我调侃式的幽默，却也道出了一些真实存在的现象。古语有云，"读万卷书，行万里路"，然而，即使走过了那么多路，看过那么多山山水水，你真的了解它们背后的故事吗？

如果不读书，只行万里路，我们的旅行也仅是"上车睡觉，下车拍照，回家一问，啥都不知道"。

很多人羡慕我们从事地理工作的人，认为我们的工作就是游山玩水。倘若果真如此，那么《徐霞客游记》就真成了纯粹的文学作品。殊不知，地理学家在跋山涉水的实地考察中获取了很多重要的科学发现，这才是最重要的。

小时候，我也非常羡慕这样的生活，向往波澜壮阔的大海，憧憬高耸入云的雄峰。我的父亲是一位中学地理老师，在他的影响下，那时候我依靠死记硬背掌握了很多地理知识，能够熟练地说出某个国家的首都是什么，某个省份的省会在哪里，并以此为豪，沾沾自喜。毕竟，在中学时代地理属于文科，我们只需要背诵就可以记住大部分知识点。偶尔也有一些晦涩难懂的概念，诸如气旋、反气旋、季风、信风之类，让很多人感到头痛，甚至纠结过地理究竟是文科还是理科。直到大学我选择了地理学专业才明白，地理学竟然是一个实实在在的理科专业，它不仅包括自然地理学、地质地貌学等自然科学知识，还包括经济地理学、人口地理学等很多社会科学知识，简单的记忆背诵早已不适用，中学时代那点儿让我引以为豪的地理知识实在太小儿科了。

古时候，大家在赞美某人学问广博、无所不知时，常会说他“上知天文下知地理”，地理知识真可谓包罗万象，又与我们的生活息息相关。如果你对地理学的认识还只停留在能够看懂地图的阶段，那就已经落后于当代的中小学生了。随着信息时代的飞速发展，地球科学、空间科学、信息科学高度融合，我们正逐渐向数字地球时代和三维可视化的透明地球时代迈进。然而，即使到了今天，依然有很多朋友能够熟练地使用导航软件，开车到达他们想去的地方，而下了车却找不着北。当我在电话中问他们附近有什么标志性建筑时，他们总是习惯性地回答左边有什么、右边是什么，让我啼笑皆非。

若要从事地理学专业的相关工作，需要几年时间专心研学，甚至用一生求索，而掌握一些有用又有趣的生活常识，则只需这本《极简地理学》。那些在旅行中经常遇见的奇特地貌，我们每天都会关注的气候和天气变化，以及瞬息万变的世界人口变化、城市和乡村布局、全球经济发展等社会问题，都可在这本书中找到最简洁的答案和最生动的案例。

读完这本书，你不妨带着收获的新知识，踏上新的旅途，重新认识我们美丽的地球，观赏五湖四海的美景，了解天南海北的风情。你也可以用书中简单的经济地理学理论思考当前社会发展的热点问题，比如“一带一路”倡议、北京“四个中心”的战略新定位、雄安新区千年大计的规划建设等等。这其中蕴含的地理科学规律一定会让你有新的发现和收获。

马志飞

2019 年 3 月 4 日于北京

推荐序

地理教育在过去几十年里发生了翻天覆地的变化。我当年还是威尔·威廉斯笔下“熟记海岬和海湾”的那一代，我们在课堂上学习不同地方的名字和各个山峰的高度，但从未有人想过要带我们走出教室，漫步沙滩或者涉水行舟，亲眼看看事物运作的方式。同样，也没有人告诉我地理学是如此精彩，它就在我身边，是我日常生活中必不可少又时时变化的一部分。地理学也在世界上每一个人的生活里。

威尔·威廉斯展现了地理学的包罗万象，把它写活了。这本书从火山喷发说到生态旅游，从气候变化谈到人类聚落的发展模型，这些都属于地理学！正如威尔说的那样，地理学是一个全面的学科，包括科学、经济学和社会学，还有地质学、地貌学和构造学的一些分支，以及其他各种知识。哪怕你已经学过地貌如何随时间变化，或者人口增长的经济和社会意义，你也一定可以从这本书里得到新的启发。如果你仅仅死记硬背过尼罗河、亚马孙河和刚果河的长度，这本书将为你打开一个全新的世界。

换句话说，无论阅读这本书对你而言是一次沿着记忆小路的旅行，还是探索发现新知识的航行，或是为了未来的小测验而做的准备，只要你对地球以及生活在这个星球上的人们感兴趣，你都能获得一些你所需要的东西。如果你觉得那些听起来像是在“说大话”，那么我只说一句，这就是为你准备的地理学。

卡洛琳·塔格特

引言

回想你小的时候，只要一家人自驾游，很有可能是爸爸开车，你和你的兄弟姐妹在后座打闹，而妈妈一个人承担起“地图”的责任。也就是说，当你们需要稍微绕下道或者干脆迷了路时，总是妈妈受到不公正的指责。爸爸从不屑于依靠地图，他更喜欢边走边认路，“兵来将挡，水来土掩”。而现在，人们只需输入目的地，再打开卫星导航，就能顺利上路，避开那些过于低矮的桥洞和死路。

前文的故事形象地概括了地理学在日常生活中的角色，然而同时也暴露了地理学在大众的生活中的局限性。不去谈工作社会如何发展变化，不去想人与人之间为何愈加隔绝，就让我们看看地图吧！无论是横穿美国直抵西海岸的刘易斯（Lewis）和克拉克（Clark），还是航海征服澳大利亚全境的弗林德斯（Flinders），或者是横贯非洲的利文斯通

（Livingstone），这些伟大的探险家亲手绘制出地图，可不是为了让我们后人以科技为名贬低这份宝贵的遗产的。

地图是大多数人第一次接触地理学的契机。虽然卫星导航的出现减少了人们对地图的依赖，地图仍有一席之地。现代地理学家们根本离不开地理信息系统（GIS），你可能也在工作日不经意间变身为地理学家。网络上充斥着各种地图，有储存着数据的地图、显示你的朋友们（或者他们的手机）所在位置的地图、显示你的房子何时会被水淹的地图、标明离你最近的餐馆的地图……地图实际上可以显示任何东西。地理学一直都在，它是我们所有人生活中必不可少的一部分。

21 世纪初，成为一名地理学家一方面意味着数不清的旅行、研究和获取成就感的机会，但另一方面也得面临缺乏真正的整合思维的窘境。然而，地理学的独特而宝贵的作用在于，它能够把缠绕在复杂问题四周的线索整合、理顺，使重点清晰。这一特质在关于气候变化的争论中表现得最为明显。

我们都知道，可再生能源是我们的后代赖以生存的基础。我们都有切身体会，局部的气候模式正受全球气候变化的影响。我们也明白，自从将原本固定在土壤之中的碳释放进入大气，二氧化碳水平就急剧上升。但我们事实上并不了解人类是不是造成气候变化的元凶，或许答案是肯定的，但答案并不重要。事实是，未来随着化石燃料的告罄，我们将不得不改变我们依赖的能源。

这一争论的各个方面都离不开地理。或许，地理学家恰好处在一个得以提供简单又清晰的解释的位置上。无论是对油价上涨的经济担忧，还是对化石燃料生产和燃烧给环境带来的影响担忧，或是为国家供给被切断而产生的资源稀缺担忧，以及因某国依靠能源对其他国家施加影响而产生政治担忧，最终我们都需要在可持续发展方面做得更好。因此，我们必须增加可再生能源的使用，也必须依赖地理学家将多元的研究领域结合，为我们下一步行动提出切实的建议。

当下关于气候变化的争论就如同当代的“马尔萨斯辩论”。该公众意识的奠基石不仅衍生出了许多厚厚的学术论文，也产生了不少胡说八道的言论。不同的是，我们现在有 24 小时不间断的新闻网络，以及无比活跃的博客圈，在地球上每个角落每时每刻都能争论不休。

谁能想到，当你若干年前在课堂上学习各个省会城市的信息，了解世界上最长的河流，或者记忆联合国组织的旗帜时，你其实是在为一门即将在这个愈加复杂的世界上变得愈加重要的学科打下基础。

自然

河流 / 海岸 / 构造学 / 气候和天气 / 全球性问题

河流

*

河流为全世界人口提供了丰富的资源，也因水患夺走了许多生命，我们大概能够以河流为起点开始追溯我们对周遭地理环境的记忆。“河流”这个词很容易理解——水在沟渠中向低处流，欢愉的山涧，震撼的瀑布，绵延的水路，洪水泛滥时河流的巨大水流裹挟一切阻碍……

你也许学过河流在哪儿，它们有多长（表1），或许你还蹚过水测量河中的卵石和其他东西。遗憾的是，类似前者的知识大多有关埃及这样的异域，而后者的实践通常在任何当地的水道就能进行。

表 1　最长的河流

河流	长度（千米/英里[①]）	所属大洲及流经国家
尼罗河	6 650/4 135	非洲：乌干达、坦桑尼亚、肯尼亚、卢旺达、布隆迪、埃及、刚果（金）、埃塞俄比亚、厄立特里亚、苏丹、南苏丹
亚马孙河*	6 400/3 980	南美洲：秘鲁、巴西、哥伦比亚
长江	6 300/3 917	亚洲：中国
密西西比河–密苏里河	6 275/3 902	北美洲：美国
叶尼塞河–安加拉河–色楞格河	5 539/3 445	欧亚大陆：俄罗斯、蒙古
黄河	5 464/3 398	亚洲：中国
鄂毕河–额尔齐斯河	5 410/3 364	欧亚大陆：俄罗斯、哈萨克斯坦、中国
刚果河–谦比西河	4 700/2 922	非洲：赞比亚、刚果（布）、刚果（金）、安哥拉
黑龙江–额尔古纳河	4 444/2 763	欧亚大陆：俄罗斯、中国
勒拿河	4 400/2 736	欧亚大陆：俄罗斯

* 世界上最长的河是尼罗河，但这个头衔还能归它多久？2007 年，亚马孙河位于秘鲁南部冰川的一个新源头被发现，即安第斯山脉的密斯米雪山（名字很好听）。如果这个新源头被认可，亚马孙河长度将增加至 6 800 千米，从而成为世界最长的河。

① 1 英里≈1.609 千米。——编者注

河流纵剖面

“河流纵剖面”指的是河流的“组成”，即它从发源地到入海口形态的改变。河流通常被划分为三个部分——上游、中游和下游（图 1）。河流可能形成于泉水、沼泽或者陡峭山崖上的多余雨水，常常通过足够的降水来补充和维持水流。从发源地到入海口，大多数河流的特征都因以下三个因素的相互作用而产生显著变化：

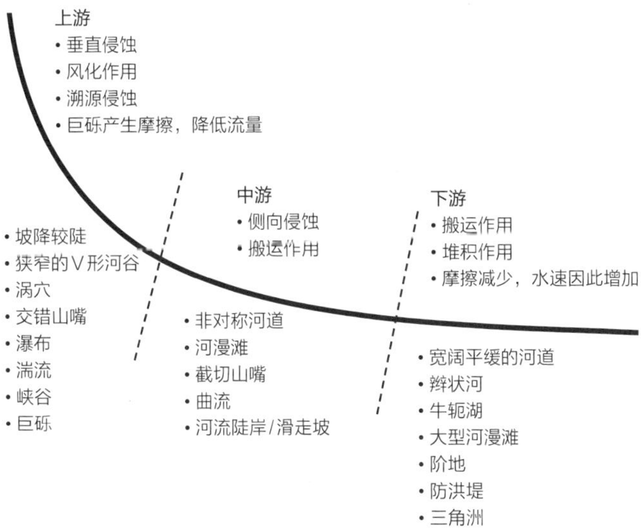

图 1 河流从上游至下游的形态特点

河道坡降——河床高度随距离降低的速率。

河道形态——河床和河岸的摩擦表面与河道的横截面之间的关系。

床面粗糙度——河床的小尺度特征及其对河水流动、起伏、翻滚方式的影响。

当然，水流对地面的侵蚀只是故事的一半，地下的基岩同样是河流作画的画板。

河流在哪里流动得最快?

你可能认为河流在上游发源地附近流得最快，毕竟那里比较陡峭。这可以理解，大多数瀑布确实在上游，它们的水流速度很快。但答案比这更复杂。在主要河段，水速最快的区域都出现在河道坡降的影响能够克服摩擦力的地方。因此，一般是河道的摩擦力相对较小的下游地区流速最高。

如何测算河流中的水量?

河流中水的体积是它的流量，即横截面积与平均流速的乘积。流量的单位是“立方米/秒”(cumecs)，其通用的符号是Q。

塑造地形

河流很好地为我们展示了那些“高量低频事件”对塑造地形的重要性。一年中的大多数时间中，河流能轻松运送其中的水，不会剩下太多能量用于侵蚀。也许每年有四到五次，河流的流量能大到溢满河道（即“平滩流量”）。这时，河流的能量将达到它能承受的且尚不改变河道形状的最大值。但如果水位更高，河水就会泛滥，流速随时开始减缓。因此，河流能够通过增减河道的被侵蚀程度来改变其形状和纵剖面，从而控制洪水发生的次数。不过，这一切只有当河流不再能运送现有河道内的流量时才会发生。所以，只有当河流达到它能承载的最高能量的临界点，它才会开始塑造新的地形。

河流如何塑造地形

我们可以用这个词来帮助记忆河流侵蚀（海岸侵蚀也一样）——CASH。

磨蚀（corrasion）——水流中的石块同河床与河岸碰擦，改变河道的形状。更确切地说，这个过程应该被叫作“abrasion”，但这样首字母记忆法就不好用了。

磨耗（attrition）——水流中的石块相互碰撞，产生更圆、更小的颗粒。

溶蚀（solution）——水中的颗粒在河中渐渐溶解。在水略偏酸的石灰岩地区，这一过程参与创造了地球地貌最美的曲线。雨水从高处降落时与空气里的二氧化碳产生反应，产生弱酸性的碳酸。即使没有任何大气污染，雨水在降落的过程中也会变成酸性的。

冲蚀（hydraulic action）——河道中的水对河岸或河床的作用力会使水中的空气无法释出，继而造成压力，逐渐弱化河岸，使河岸或河床日益磨损。

河流如何移动物体

这里的"物体"指的是河流自然流动时所搬运的一切东西，包括砾石、卵石、岩石等。由于河流在流动，它具有动能，并可使用这种能量做以下事情：

流动——即字面意思，使水流向前运动。除了沿途会产生溶解，这部分能量不会被用于做太多别的事。

搬运——如果能量足够，水流会携带一些物质并将它们运到下游。

侵蚀——除了溶解一些微粒之外，河流几乎不会发生侵蚀，除非河水处于高能量状态。这种高能量的状态只会在水流急速的地方出现，比如湍流；或者在一年之中流量很大的时候出现。

搬运方式

根据颗粒的大小和水流的速度，河流可通过以下不同方式搬运物体：

溶解——正如你想的那样，可溶物质溶于河水中，随水移动，这是最易理解的一种方式。

悬移——微小的颗粒悬浮于水流中，被携带向前，诸如泥或粉砂之类。

跃移——水流的能量增大时，其中挟带的物体会以反复悬浮和沉积的形式移动。

推移——当漂砾太大而无法被水流挪动或者水速过慢时，漂砾能够以推移的方式移动，即在河床上滚动或者滑行。

现实中，顺流而下的物体会通过多种方式移动。例如，被推移的物体，可能会加速，同河床上的其他东西碰撞，被短暂提起，转变为悬浮物。当然，大部分物体在一年的大多数时候都不会有太多变化。

对于地理学家来说，尤尔斯特隆曲线（Hjulström's curve）是最了不起的曲线图之一（图 2）。从本质上讲，它

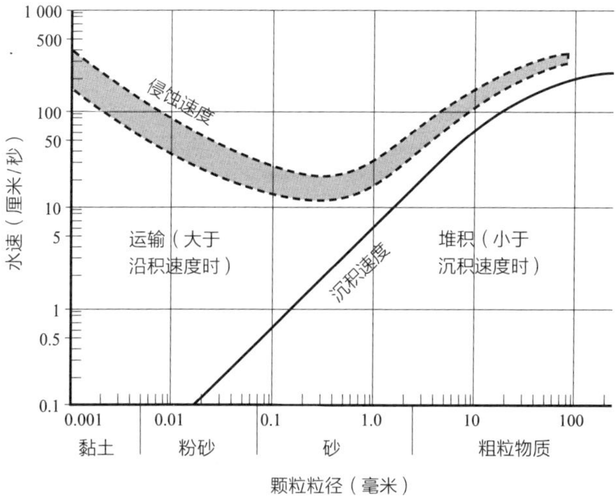

图 2　尤尔斯特隆曲线

告诉我们，颗粒粒径和水速的关系不像我们想的那么简单。该图由瑞典地理学家菲利普·尤尔斯特隆（Filip Hjulström）于 20 世纪中期绘制，根据在一种名为“渡槽”的人工河流中所做研究得出。有了渡槽，尤尔斯特隆可以精细地调节水速，并测量水速对颗粒大小不同的推移质[①]的影响。图中有两条线，高的那一条表示移动特定尺寸的颗粒所需的水

① 推移质指沿河底以滚动、滑动或跳跃的方式随水流向前移动的泥沙。——编者注

速大小，而低的那一条表示能使颗粒保持悬浮状态的最低水速。于是，如果流速低于沉积速度，颗粒便会沉积，如果流速达到侵蚀速度，该颗粒又会被卷起。我们都知道，大石块需要高速的水流才能被挟带走，如果石块周围的水流减慢或者出现紊流，石块也会沉下去。但是，为什么最细小的黏土颗粒也需要如此高的能量才能被挟带呢？毕竟，一块比沙粒还小的颗粒几乎没什么重量。

答案既复杂又简单。简单的是，河床上的微小颗粒排列得很紧，水不一定可以穿透压紧的表层来提起物质。复杂的是，黏土具有一种名为“胶束”的层状结构。黏土颗粒带负电，这种电荷会使颗粒附着在河床上，从而更加提高了使其移动所需的水速。这种颗粒极细小的物质一旦开始移动，理论上就永远不会沉积，因为它们的质量太小，几乎不需要什么能量就能使它们保持在悬浮状态。

正是这种细小的物质赋予了冰川河的浑浊外表，同样是这种物质使得在“黑水河”——内格罗河与索里芒斯河汇合处的亚马孙河变成了带状。当然，细小的物质不会永远悬浮在河水中，它们最终还是会沉积下来。正是这种物质创造了河口的地形。

曼宁公式

19 世纪下半叶，爱尔兰工程师罗伯特·曼宁（Robert Manning）想进一步拓展现有估测水流速度的数学方法。他得出了以下这个以他名字命名的公式。随着土木工程的项目变得规模更大、风险更高，找到一种能用于计算水流速度的方法十分重要。曼宁的公式结合了三个影响水速的因素：

速度 =（横截面积 / 湿周）$^{2/3}$ × 河道坡降 $^{1/2}$ / 曼宁系数

即 $v = \frac{R^{\frac{2}{3}} \times S^{\frac{1}{2}}}{n}$

这个理论模型把影响水速的变量统一在一起。横截面积和湿周表示河道形状的效率，河道坡降与沿纵剖面施加的力有关，曼宁系数（*n*）则反映物质颗粒大小的影响（河床粗糙度）。*n* 的值可以通过取样并测量推移质的颗粒大小得出。大致而言，推移质的颗粒越大，*n* 越大。所以在斯诺登尼亚冰冷的源头处，*n* 大约是 0.10，而到了河口附近 *n* 大约为 0.02。这也能解释为什么河水流动最快的地方不是上游。靠近水源地的地方，河道坡降很大，但推移质的颗粒也很大，同时浅滩和深槽的出现都会减缓水速。

河流搬运能力与搬运量

河流做功的能力差别很大，有两个词组用于描述河流搬运物质的能力：

河流搬运能力——某一时刻河流可挟卷的最大物质颗粒大小。

河流搬运量——任一时刻河流能够搬运的全部物质的体积。

河流地貌

从瀑布到三角洲，从牛轭湖到曲流，我们总能记得一些典型的河流地貌。

瀑布的形成

当河道坡降发生变化，水的动能会首先让河水泛起涟漪，有趣的现象由此开始。如果你意识到，1 立方米的水即使在不运输其他物质的情况下也有 1 吨重，你就能理解它为何会对河床和河岸造成一些严重的损害。再加上不同类型的岩石内部以及之间存在着较脆弱部分，这些因素都导致水流开始它的侵蚀工作。在瀑布底部的CASH过程会导致掏蚀，从而产生跌水潭（图3）。跌水潭的出现使得垂直支撑消失，这会引发偶发的灾难性崩塌和河岸后退，通常也使这里的水更深。

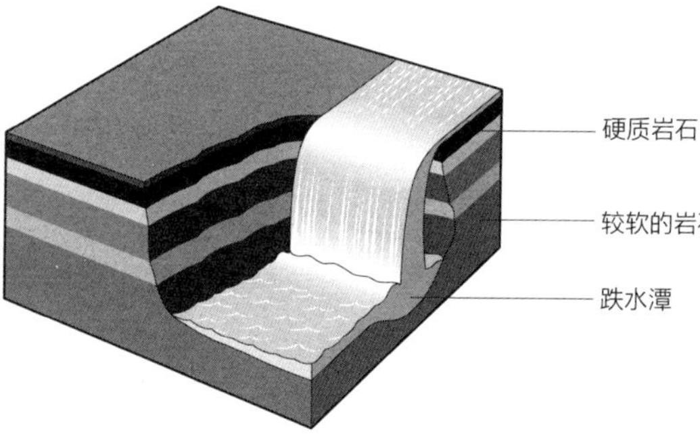

图3 跌水潭的产生

如果你有一个由软质岩石（特别是沉积岩）和较硬的岩石组成的“三明治式”河岸，形成的峡谷就能十分壮观。世界上不同峡谷被上述过程切割的速率差异很大，在英国每年侵蚀1厘米，而如尼亚加拉这种北美瀑布每年侵蚀可达将近1米。由此可见，侵蚀和风化的力量是多么千变万化。

另外还有两种形成瀑布的方式，包括冰川切割后留下的悬谷，以及隆起。在后一种情况下，如果地面在构造运动（比如地震）中被抬起的速度比岩石侵蚀的速度要快，地面上就会出现一个阶梯，河流会从这个台阶上“掉”下去。

在这类瀑布中，最壮丽的那些大多数来自冰川水源的补给，许多分布于冰岛的南部海岸，比如具有 100 米落差的塞里雅兰瀑布。

世界十大瀑布

我们不必对这个名单太较真。有时瀑布测量的是一系列阶梯，有时则是整个的垂直落差。在调研以下这些瀑布的过程中，我才意识到围绕这个话题有多少细节。于是，我决定选取一个大多数人同意的名单（表 2）。

表 2　世界十大瀑布

瀑布名称	瀑布落差
委内瑞拉安赫尔瀑布（Angel Falls）	979 米
南非图盖拉瀑布（Tugela Falls）	948 米
秘鲁三姐妹瀑布（Las Tres Hermanas）	914 米
美国欧罗尤佩纳瀑布（Olo'upena Falls）	900 米
秘鲁云比亚瀑布（Yumbilla Falls）	896 米
挪威韦奴瀑布（Vinnufossen）	860 米
挪威巴洛伊瀑布（Balåifossen）	850 米
美国普乌卡欧库瀑布（Pu'uka'oku Falls）	840 米
加拿大詹姆斯布鲁斯瀑布（James Bruce Falls）	840 米
新西兰布朗瀑布（Browne Falls）	836 米

湍流

独木舟选手和木筏爱好者钟爱的湍流其实是没有明显落差的瀑布。不同的是，布满碎石的河道中出现一个小的坡度断层，由此产生带着泡沫的湍流。在澳大利亚昆士兰的塔利河漂流一次，你就能充分体验到湍流的魅力。

浅滩和深槽

在河流上游，水道通常较窄，从山谷两侧滚下来的推移质也都比较大。因此，常形成一系列碎屑坝，把水圈在深槽中，随后水从碎屑上流过，倾泻而下，形成浅滩。在大段河道内，这两种地貌的水流平均速度十分缓慢。

河漫滩

河流中的水量大多都低于水道的容量，但我们之前也看到，有时河流流量会达到“平滩”状态，即溢满河道。如果河流运输过多的水，它就会溢出并且造成洪水泛滥。由河流流量的季节性变化而自然形成的河漫滩，有一层层的细沙堆积其上。当河水溢出河岸时，水速因摩擦而减慢。结果，粗粒物质先落了下来，这是堤坝形成的第一步。这使得洪水被困在河漫滩上无法流回河里。这一自然现象的影响会被很高的人造堤坝扩大，导致洪水时间更长。河漫滩的边界是“陡岸线”，这一圈高地不会被洪水淹没。

辫状河

彼得·杰克逊（Peter Jackson）的《指环王》三部曲里到处都是这种地貌的典型。当一条裹挟着大量物质的河突然坡度减缓，水流速度降低时，其中的物质迅速沉积。由此形成的岩石遍布的山谷使得河流必须分岔才能抵达下游平坦的地区。这种分岔创造出多条新的河道，并得名“辫状河”。尤其在受到历史冰川作用影响的地方，许多沉积物质无法被更近代的河流移动，创造出的辫状河蔚为壮观。在新西兰的《指环王》电影拍摄地以及南阿尔卑斯山这样的高山环境，都能看到这样的景观。

曲流

曲流是河流中游及下游地貌中的经典。它的形成需要两个基本条件——水流的加速与减速，再配上螺旋流动（即水流在河道内流动的同时产生像软木塞开瓶器那样的运动）。当水进入更窄或者更浅的河道内被迫加速时，确实会出现这样的情况（图 4）。

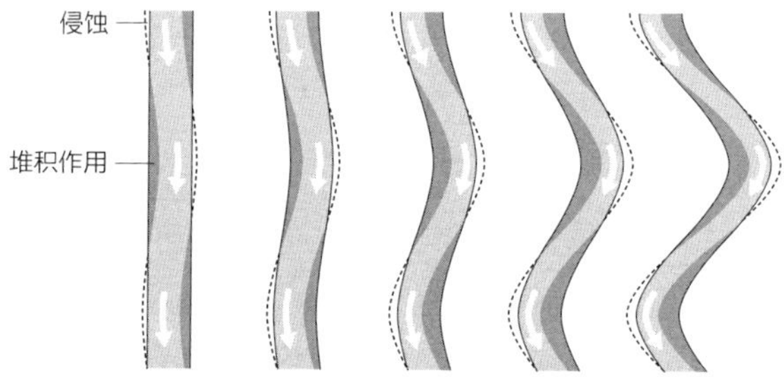

图 4 曲流的发展

水流在河道各处的速度并不一样，在螺旋状水流的外侧流得最快。河道内流速最快的那一股水的核心，由于向河岸一侧的加速而产生偏转。当这股快速流动的水被外侧河岸阻碍时，它便开始侵蚀这侧河岸，使得外河道加深，水流通过更加高效，从而使水流的动能也增大了（图 5）。与此

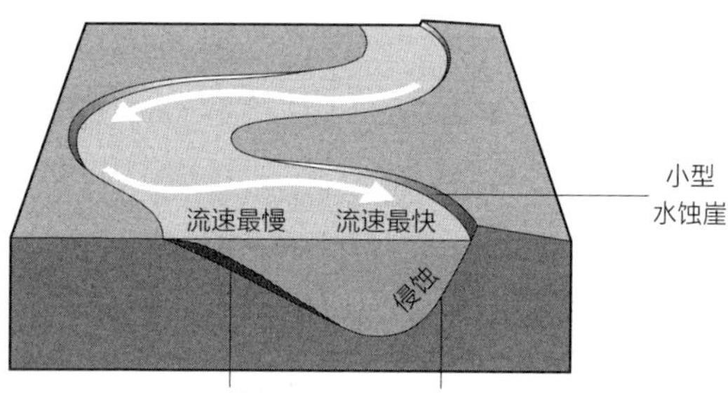

图 5 曲流的横截面

同时，曲流内侧的水正在河道内低效地流动，也就是说水的动能渐渐丢失，速度减慢，物质堆积下来。河岸一侧被侵蚀，另一侧则有物质堆积。根据不同的河流能量和基岩的相对强度，曲流整体会缓缓向下游移动。

牛轭湖

以一条十分蜿蜒曲折的河为例，如果时间足够长，一次偶发的高能量事件将创造出一个牛轭湖。河流弯曲到极致会形成“U”形的曲流，当颈缩现象出现，“U”形的两个末端渐渐接近，最终两头会连在一起，形成新的河道。有了这条更笔直的路径，河流的速度通常也更快，这条新河道会不断加深，使得曲流环状的入口和出口成了高地，并慢慢干涸。再加上堆积物的阻挡，月牙形的牛轭湖就形成了。时间久了，可能连湖都不复存在，只剩地貌遗迹提醒人们这里曾有一条河。

河口

两条河相遇会出现汇流现象。但当河流遇到大海，则会有很多东西形成。法语中用“fleuve”一词来形容河流倾入海洋。海岸与河流界面的形态很大程度上受周围地质环境和能量的影响。

三角洲

三角洲是一种出现在河流入海口的低洼地貌，主要由粉砂和淤泥组成。三角洲的英文名“delta”取自希腊字母“Δ”，因为该字母的形状与三角洲类似。有三种不同类型的三角洲：

扇形三角洲——如埃及尼罗河上的三角洲，这种三角洲典型的三角形形状使得它最容易辨认。

尖形三角洲——通常有几个分流（和支流类似，但流向相反）分叉，更像海岸边的河漫滩。如底格里斯河入海口处的三角洲。

鸟足形三角洲——如新奥尔良的三角洲，具有枝状结构，每个分流的天然堤使得这种三角洲的延伸范围能够超过扇形三角洲。

虽然这些地貌各异，它们有一些共同的基本要素。尽管理论上，河流运输的细颗粒的沉积物应该永远不会堆积沉淀（参见尤尔斯特隆曲线），但是在海岸附近它们还是会堆积。在淡水中，这些带电微粒互相排斥，维持微小的颗粒形态。而海水中的盐会吸引这些颗粒，从而形成更大的聚合物。河流流入大海（或湖泊）之后，速度大大降低，水中的颗粒便在这里堆积了。

一年之中，无论是冰川孕育的罗讷河，还是雨水滋养的塞文河，或是融雪补给的科罗拉多河，河流的水量都会随时间变化，它们都会经历水位或低或高的时期。这意味着一年之中的河水运输的物质量会有所不同。这也使得三角洲的土壤出现分层，每一层都是河流一整年流动情况的记录。只要潮汐和海岸活动带走的沉积物少于河流堆积下来的，三角洲就会不断扩大。

河口湾

与明显的三角洲景观相比，河口湾比较容易被忽视。这有些奇怪，因为大多数河流其实是在河口湾和海洋交汇的。在河口湾地段，河流在海水低潮时能够从一条小河道流入海洋。而在海水高潮时，河流不再能流入海洋，因为海水堵住了它的去路。因此来自河流的淡水和来自海洋的咸水在河口湾混在一起，物质在此堆积。这里的淤泥富含营养，成为涉禽的绝佳觅食地。这样的环境同样适合贝类生存，但对于那些不小心被涨潮困住的生物就没那么好了。

溺谷

溺谷也被称为沉溺河谷，其英文名称“ria”来自西班牙语，是“河口”的意思。海水上升时，先前位于海平面的河谷被淹没，即形成溺谷。“沧海桑田”是地理学的伟大主题之一，溺谷也不例外，历史上的一系列地理活动创造出了这些宽阔的河口。在末次冰期中海平面较低，所以当时仍在流动的河流水位都很低（当然太靠北方的河都被埋在冰盖之下）。当冰融化，海平面上升时，河谷常常泛滥，造就了如今河流入海口宽阔的河道。美国大西洋海岸的切萨皮克湾是世界上最大的溺谷型河口湾之一，它是萨斯奎汉纳河的溺谷。

水文学

图 6 帮助我们了解流域中的水的命运，尤其是和流量过程线结合，可以解释洪水的形成。坡面流是诱发暴洪的关键。如果降水速率大于入渗速率，水就会由地表流过。这是水进入河道的最快途径，从而导致河水流量迅速上涨，暴洪发生的风险上升。因此，如果流域内的变化导致入渗减慢或者降水增多，那么就很有可能发生暴洪。比如结冻或渍水的地面，或是夏季炎热导致地表出现的硬质地层，

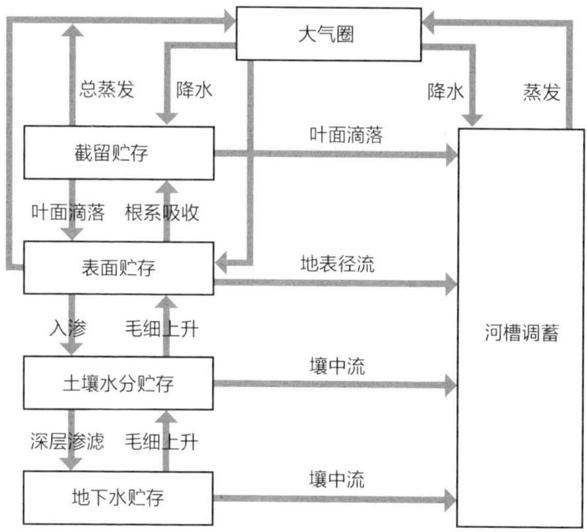

图6　流域系统

或者陡峭的地形，这些状况都可能造成洪水灾害。

如果暴洪是由大量坡面流引起的，其他类型的洪水又是何种原因引发的？所谓“其他洪水”的关键特征是，它们多发生在冬季并且时间上更加持久。在冬季，地下水贮存和土壤水分贮存都是满载状态。你或许还不太清楚，地下水的顶部（土壤饱和且不含半点儿空气）被叫作地下水位。晚冬时节，壤中流为河道输送大量的水，导致河水基流上涨。遇到暴风雨等情况会使河水上涨得更厉害，因为更多水会以坡面流的形式进入流域。这时，河流内的水的体积可能会超出河道的容量，洪水灾害就这么发生了（表 3）。

与来势突然且猛烈的暴洪不同，持续时间较长的洪水需要更长的时间来恢复，因为洪水较长时间保持高位（甚至淹到你家房子里）。不必再详述，但当你看到电视上人们抱着他们的鹦鹉和宝宝被洪水逼上楼时，别忘了他们客厅里的水可不是干净的河水。许多国家自 19 世纪起就开始改造人口密集地区的水道，使其能更快地汇入河流（最好是河流下游）。这意味着，洪水总是从城市的下水道系统漫上来。好了，我们点到即止。

表 3　最致命的洪水

死亡人数	河流	年份	国家
250 万~370 万*	黄河、长江、淮河	1931	中国
90 万~200 万*	黄河	1887	中国
50 万~70 万*	黄河	1938	中国
14.5 万	长江	1935	中国
10 万	河内河和红河	1971	越南
10 万	长江	1911	中国

*数值的范围显示了在中国农村地区估量灾难影响的困难程度。然而，毋庸置疑，1931 年的洪水是人类历史上最大的自然灾害之一。

当排除掉海岸地区风暴潮因素时，表 3 告诉我们东亚和东南亚地区在洪水面前极其脆弱。特别是中国，有流量很大的河流穿流过非常松散的砂土堆积的区域。就好像被丢在花园草坪上的压力喷水软管，河流快速地改道，并造成严重的后果。也许，人类在历史上始终想要控制河流，归根结底，是想通过征服自然证明我们自己。

海岸

*

海岸的地质过程

和之前一样，让我们大声喊出：“CASH！”它解释了海岸侵蚀，但其他地质过程呢？如果你已经知道了CASH，现在是时候来点儿“LSD”了。

沿滨泥沙流（图7）是指沉积物沿海岸线移动。如果海岸线有主导的盛行风向，海浪就会如图所示运动。不过，后退的波浪依旧会沿海滩的坡度退回。于是，任何可以被这样冲走和带回的海滩物质都会沿着海岸线移动。

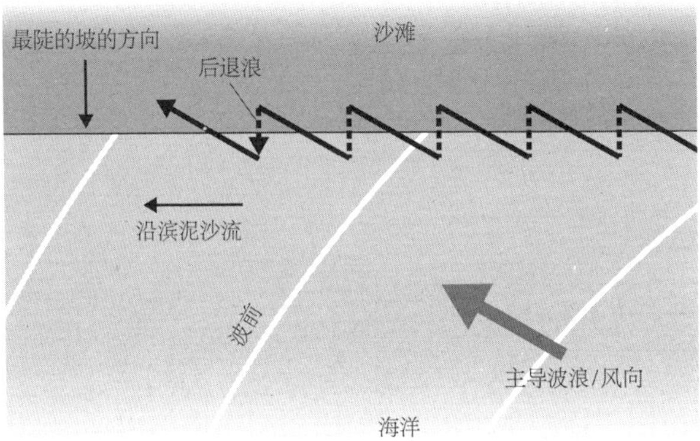

图 7　沿滨泥沙流

堆积作用形成的海岸地貌

侵蚀的力量可以塑造出让人难忘的宏伟地貌，堆积作用同样可以。

沙嘴

因海岸线形状的不连续，沿滨泥沙流得以把物质带离海岸，沙嘴便会在这里自然形成（图 8）。沙嘴界的“老大哥”是美国华盛顿州的邓杰内斯角和新西兰的费尔韦尔角。

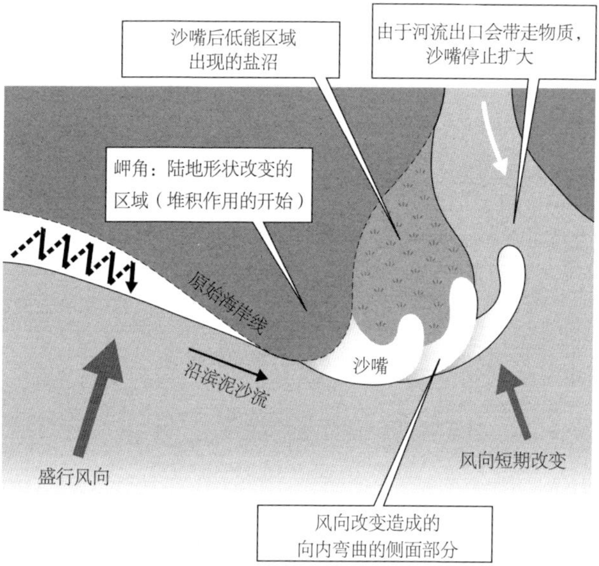

图 8 沙嘴的形成

但是，没有任何一个沙嘴能和乌克兰的阿拉巴特沙嘴相比。作为世界上最长的沙嘴，它长达 110 千米。

连岛坝

如果沙嘴延伸接上了一个海岛，把它和大陆连在一起，那么连岛坝的地貌就出现了。典型的例子包括法国的勒蒙-圣米歇尔湾，以及英国的切西尔海滩。

沙坝滩

当沿滨泥沙流造成海滩与两个岬角相连时，一道沙坝就形成了。和许多地貌学术语一样，沙坝有许多同义词。无论是澳大利亚还是美国的科学家，“拦湾坝”是他们最常用的术语。

侵蚀作用形成的海岸地貌

最宏伟的海岸景观大多都具有侵蚀的力量与岩石耐蚀性共同作用而成的特征（图 9，表 4）。

海岸侵蚀的“五步曲”

岬角——波浪折射在岩石侧面形成裂纹。

海蚀穴——在CASH作用下裂纹变得更大。

海穹——当裂纹相交时，便形成了海穹，持续的CASH作用使海穹越来越大，最终坍塌。

海蚀柱——不断侵蚀可能会使海蚀柱倒下，只留下……

海蚀桩——确切地说，是一小截只能在退潮时才看得见的石头。

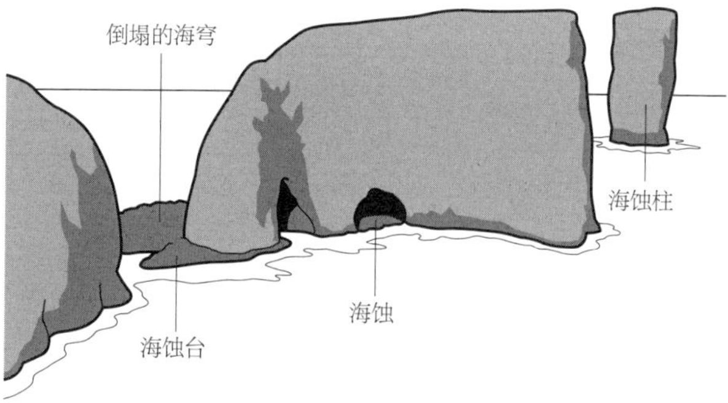

图 9　海岸侵蚀

表 4　各大洲陆地最低的地点

大洲	地点	深度（低于海平面，单位：米）
亚洲	西亚裂谷中的死海海岸（Dead Sea shore）	418
非洲	吉布提阿萨尔湖（Lake Vassal）	156
南美洲	阿根廷卡沃湖（Laguna del Carbón）	105
北美洲	美国死谷（Death Valley）	86
南极洲	西福尔丘陵深湖（Deep Lake）	50
欧洲	俄罗斯里海海岸（Caspian Sea shore）	28
大洋洲	澳大利亚艾尔湖（Lake Eyre）	15

海岸管理

管理海岸的一切事物都离不开硬质工程和软质工程。这是两种相反的方法论。这些年来，全球各地的政府逐渐意识到硬质工程不是全部的答案，有时，放手让自然按其自身的轨迹运转，反而比控制结构更好。

软质工程

有组织地撤退——我特别喜欢这种说法，特别是它传达出的人与环境之间的平静之感。尽管它实际上应该被称为："快跑，没希望了。"好吧，这么说有点儿太刻薄，但在很多情况下，让海洋回到它曾经所在的地方，对环境来说并不是一件坏事。

硬质工程

海堤——你花了一大笔钱建造一个海堤，结果它还是被冲走了，正如 2009 年 10 月发生在洛斯托夫特附近的科顿的事情一样。就算海堤再好，它们反射海浪能量的同时有时也会制造新的麻烦。早期的设计常常使得海堤实际上把海浪直接转化成摧毁它们自己的力量。你以为只有河流才会为自己“着想”，其实大海也会。

护岸——它没有平滑的水泥墙那么强硬，也是一个稍便宜一些的选项。护岸的目的不是反弹波浪的能量，而是使它消散。护岸的主体是石块，由一格一格的木头固定。这些木格间的缝隙使水和能量都能穿过，从而消散掉能量。它最被人诟病的是不好看。

石笼——这是一种大型的金属笼子，装满石块，用于消散CASH作用的巨大能量。石笼相对便宜，当工程的会计做过成本收益分析之后，这经常是更受欢迎的选项。

防波堤——这种结构向海中延伸，限制沿滨泥沙流物质的移动，保持海滩在原来的位置。这听起来可能很简单，不过一片海滩被“偷”的沙子或许能使另一片海滩更易被侵蚀。毕竟，海滩是一个海岸沉积物输送带中的小系统。

软质与硬质工程兼施

人工育滩——有这么一个好主意，把离岸的沙子挖出来，放在指定的海滩上以保护土地。这是既便宜又不会太影响美观的办法之一。然而，如果海滩是为了吸引游客，人工育滩也许就是最后的手段之一了。

滨外坝——滨外坝是海滨线外没在水底的一道沙堆，用于减少强烈的CASH活动的影响。这种地貌特征能够自然形成，尤其有利于阻止那些冲浪者最爱的离岸流。

构造学

*

地球的结构

跟着我学习一段“咒语”：“固态-液态-塑性-刚性”。和儒勒·凡尔纳（Jules Verne）的小说中描写的不同，我们的星球并不是一个中空的装着恐龙的球体。地震学家目前认为地球的内部构造可参见图 10。

为了得到这张图，地质学家测量了地震波穿过地球时的表现，并且研究了熔岩、岩浆及溢出气体的成分。

当然，对于生活在地球上的生物来说，最重要的部分是地壳，以及这层结构表面、上面和内部的一切。如果地幔的流动使得地壳移动，麻烦就来了。

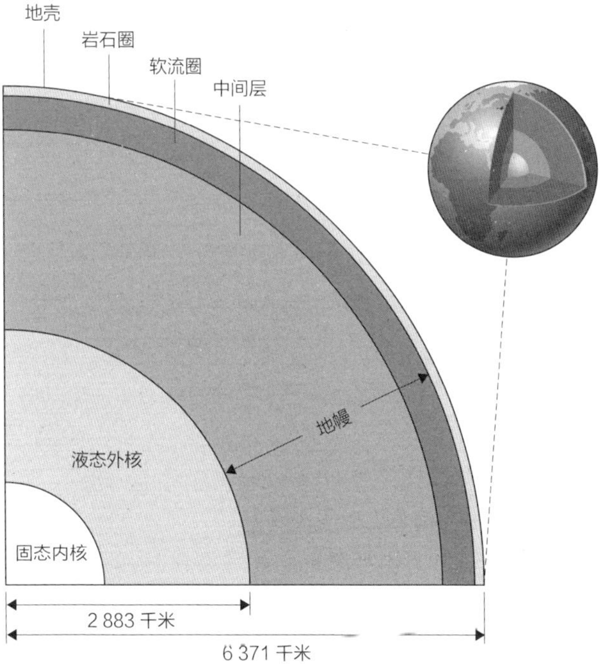

图 10　地球内部构造

向下挖

儒勒·凡尔纳认为从地面向地球内部挖掘是可以实现的。在冷战期间，美国和苏联甚至有过掘地竞争。这个任务最重要的终极目标是到达莫霍洛维契奇界面，又称莫霍界面。这一界面是刚性的地壳和塑性的地幔相接的地方，它在1909年被克罗地亚的气象学和地震学家安德里亚·莫霍洛维契奇（Andrija Mohorovičic，1857—1936）最先发现。苏联的项目曾经是最接近地幔的。他们在20世纪七八十年代挖到了地下12 261米深处，直至今天，这仍然是人类挖过的最深的洞。美国的项目在到达这个深度之前早就被取消了。苏联人或许输掉了太空竞赛，但他们绝对赢了“深度之争”。

地壳板块

在板块构造学出现之前，曾有数个假说解释地球的结构，其中包括“皱缩苹果假说”和“地球中空说”。我们之所以能得到现在的板块构造说，离不开地震学、古地磁学调查、深海海沟勘探和卫星成像的综合结果。但这仍然只是一个假说，一直在发展并不断受到质疑和挑战。

阿尔弗雷德·魏格纳和他的大陆漂移说

阿尔弗雷德·魏格纳（Alfred Wegener，1880—1930）

是一位德国天文学家和气候学家，他首次提出了一整套完备的理论，来解释为何各个大陆并不是一直位于它们现在所在的地方（“现在”指的是1912年魏格纳最初提出他的理论的时候）。从19世纪初开始，越来越多有关地球的信息在探索世界的过程中积累了下来，许多图书馆里的资料也被学者仔细研究。关于移动的大陆，最清晰的证据来源于以下几个方面：

中龙——一种淡水两栖类动物，其骨架遗迹出现在大西洋的两岸。除非这些骸骨是被飞过的翼手龙丢到那儿的，否则两岸的中龙肯定曾经是邻居。中龙生活在二叠纪，距今2.99亿到2.51亿年（那时其实没有飞行的翼手龙，翼手龙要晚大约5 000万年出现）。类似的是水龙兽和犬颌兽的出现，还有遍布许多大陆的舌羊齿类植物，都进一步证明了大陆漂移这个假说。

大陆契合度——早期绘制的地图及后来更清晰的卫星成像都显示，南美洲和非洲似乎是可以拼在一起的。弗朗西斯·培根（Francis Bacon）可能是第一个以文字记录两个大陆间海岸线联系的学者，1620年在其巨著《新工具》（*Novum Organum*）中对此有所提及。如今，我们很容易从卫星图像中得出同样的结论，但在培根生活的那个年代，这个发现确实令人惊叹。

气候学和地质学——大西洋两岸的地层十分吻合，南极洲也有煤层存在，这些证据都清晰地显示，不是气候发生过剧烈的改变，就是这些地区曾经移动过。

魏格纳提出的地壳板块“漂浮在某层物质之上”的假说听起来滴水不漏，但它遇到了两个问题。首先，没有已知的机制来解释板块如何漂移。其次，1914 年斐迪南大公（Archduke Franz Ferdinand）遇刺，引发了第一次世界大战。

这场战争耽误了魏格纳思想的传播，直到 20 世纪晚些时候爆发的另一场战争，才使得该假说得以完善和传播。

在第二次世界大战期间，沉没潜水艇探测装置的进步使得收集大西洋海底扩张的证据成为可能。这种装置能够探测地球磁场的微小变化。在不同的地球磁场影响下，这些岩石内的金属有特定的排列方式。若不是美国需要寻找沉没的潜艇，这些古地磁学的证据也不会这么快被揭示。在此之前，U 型潜艇和盟军的潜艇中探测过中大西洋地区的海底山脉，新的发现也被加入其中。1962 年，美国地质学家哈里 · 哈蒙德 · 赫斯（Harry Hammoud Hess）终于提出了能说服怀疑魏格纳理论者的证据。他证明，大西洋海底最“年轻”的岩石出现在靠近中部的地方，两侧有对称的、年代相仿的岩石带分别向东和向西移动。

古地磁学——魏格纳理论被接受的关键

古地磁学究竟是什么？“古老的磁场”听起来似乎没那么有科学魅力。但本质上，这门学科研究的就是古老的磁场。几百万年前，岩石在形成的时候被磁化，这种磁化能够反映那个时候地球磁场的方向和强度。具体如何呢？随着玄武岩从软流圈（地幔的上层）中喷出，进入地壳后，它逐渐降温。在降温过程中，岩内的富含铁的颗粒将按照当下的重力场固定下来。

故事到这里还没结束，还有一个重要的巧合不能忽略。地铁的磁场是由地球外核的旋转创造的，外核富含金属，尤其是铁和镍。根据电机理论，外核里的运流电流产生了磁场。地球磁场并非不变的，只要看一眼英国地形测量局（OS）绘制的地图的边缘，你就会发现图例“真北”和“磁北”。尽管在我们的一生这样的时间尺度里，极点只沿一个方向移动，但在这里我们说的是更大时间尺度内的“倒转”。在过去的7 600万年里，两极倒转过170次，也就是说指南针（假设它们一直存在）的针尖指向相反的方向。在大西洋盆地里年代较近的玄武岩中发现的岩石中富铁颗粒的方向倒转现象，为我们了解离散型板块边缘活动的节奏和顺序提供了关键信息。

最初只有一个板块

魏格纳的理论有一个“起点”。他推测，最初地球上有一个超级大陆。随后在围绕其理论的讨论中，泛大陆这一名称出现了（Pangaea，即希腊语“所有的陆地”）。泛大陆进一步分裂为劳亚古陆和冈瓦纳古陆。劳亚古陆最终分裂成北美洲、欧洲和亚洲（除印度外），而冈瓦纳古陆创造了现在的南美洲、非洲、印度、澳大利亚和南极洲。现在，科学家们对于泛大陆的前身仍有争论，网络上也充斥着预测各大陆未来位置的动画。

板块

七个大板块和不同尺寸的较小的板块组成了地壳（图 11）。尽管大洋板块和大陆板块之间有明显的不同（表 5），但并不能简单地依靠海洋范围来判断两类板块。大多数大陆板块在水下我们看不见的地方延伸越过海滨线。

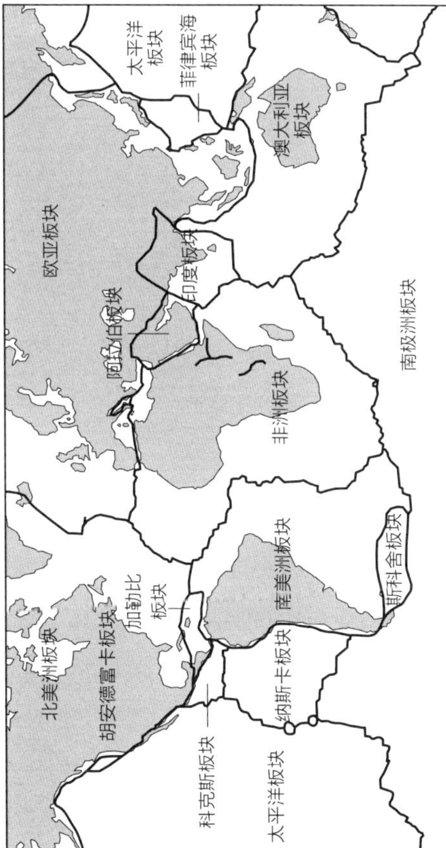
太平洋板块
菲律宾海板块
澳大利亚板块
欧亚板块
印度板块
阿拉伯板块
南极洲板块
非洲板块
斯科舍板块
南美洲板块
加勒比板块
北美洲板块
胡安德富卡板块
科克斯板块
纳斯卡板块
太平洋板块

图 11 地球板块

表 5　大陆板块与大洋板块的对比

分类	特征
大陆板块（硅铝层）	35~70 千米厚，年龄超过 15 亿年，比重为 2.6，主要含有二氧化硅和铝
大洋板块（硅镁层）	6~10 千米厚，年龄不到 2 亿年，比重为 3.0，主要含有硅和镁

边界

除非地球变得越来越大，否则必然有一些地方古老的地壳要被摧毁，才能给新形成的地壳腾出空间。从这个简单的想法出发，我们得到三类典型的板块边界（表 6，图 12）。

表 6　三类典型板块边界对比

边界	活动	代表地貌
离散型	从地幔中上涌的岩浆形成新的地壳	洋中脊、海山、火山或火山岛
汇聚型	较重的大洋地壳潜入陆地地壳之下	深海海沟、岛弧、褶皱山、火山
守恒型	板块互相摩擦，也可能是进行方向相同但速度不同的运动	没有新的地貌产生，除了局部的断层和褶皱

图 12　三种典型的板块边界

离散型板块边界

北美洲在以每年约 3 厘米的速度远离欧洲，原因就在大西洋中部。虽然东太平洋边界更长，但中大西洋的离散型板块边界是被研究得最透彻的。海底的海床弯曲，岩浆上涌后降温形成壮观的海底山脉，偶尔还会形成海岛。这些地貌特征都十分清晰。这种相对快速的运动不可避免地带来地震，偶然还会造成突破地表的火山活动，这些都与板块边界的活动有关。冰岛有离散型板块边界创造的典型地貌特征：高耸的火山山峰从海中浮现，把海山变成海岛。最近形成的岛屿是南部海岸附近的叙尔特塞岛。1963—1968 年之间，一座海山渐渐失控，开始持续喷发，最终冲出海面，形成一座新的火山岛。这并不是说火山活动就移向外滨了，此后该地区依旧有频繁的地震和大型的火山喷发。最令人印象深刻的是赫克拉火山喷发（1970 年和 1980 年），1996 年瓦特纳冰盖下（格里姆火山）的喷发，还有 2010 年的埃亚菲亚德拉火山喷发——人们认为这可能是新的赫克拉火山活动的前兆。

汇聚型板块边界

虽然名字听起来似乎具有破坏性，这种地质活动的结果却是创造新的地貌。大陆架与大洋板块相遇时只能有一个胜者。因为大陆架的比重没有大洋板块的比重大，所以后者会被前者压在下面。就好像一辆轻巧的法拉利撞上一台酋长坦克，后果不言而喻。被大陆架压在下面时，大洋板块会断裂、弯曲，于是产生了一个“副产品”——浅源地震。

这种地震可能造成致命的海啸，其威力从 2004 年的印尼班达亚齐海啸就可见一斑。1964 年，美国阿拉斯加的安克雷奇地震及其引发的海啸中有 131 人丧生。不过，那时的人们并不熟悉海啸，通常只把海啸看作印刻在东方古陶器上的自然奇观。

随着俯冲板块被压入软流层，海沟出现。就好像对莫霍界面的探索那样，人们一直竞相在这些海沟的深处探索并取样。最深的地方是位于菲律宾附近的马里亚纳海沟挑战者深渊，深度达海平面以下11 033米。要知道，世界最高峰珠穆朗玛峰也只有海拔 8 848 米[①]。

俯冲板块在下插过程中弯曲并被加热，熔化成深成岩。这些岩石就好像熔岩灯里的蜡滴，从地壳中升起，特别是在地质活动造出断层和裂缝的地方。最终，这些深成岩不是变成大陆板块边缘附近的海底山，就是变成像日本那样的群岛。

汇聚型板块边界还会创造出著名的褶皱山地貌。最长的褶皱山从加拿大一路延伸到南美洲最南端的火地岛再到南极洲。尽管不是延续不断的山脉，但它显示了俯冲作用对地壳表面产生的影响。安第斯山脉可能是地球上最雄伟的褶皱山脉，最高峰海拔 6 962 米（阿空加瓜山）[②]，总长度逾 7 000 千米。如果你想向朋友炫耀，你可以告诉他们，地壳上和地心相距最远的一点就是安第斯山脉厄瓜多尔段的

---

① 2005年中国重测珠峰高度，中国国家测绘局确定为8 844.43米。——编者注

② 2012 年，阿根廷库约国立大学对阿空加瓜山的测绘高度为 6 960.8 米。——编者注

钦博拉索山的山顶峰（6 384.4 千米）。

偶尔，深成岩可能会从褶皱山的褶皱和断裂的地壳中冒出，并在山脉中点缀出一些火山山峰。著名的褶皱火山包括北美喀斯喀特山脉的圣海伦斯火山和厄瓜多尔的科托帕希火山。我们之中年纪稍大的人可能还记得 1980 年圣海伦斯火山喷发，这类火山的暴力程度可见一斑。这是本书稍后要分析的汇聚型板块边缘的一大特征。

碰撞造山

汇聚型边缘还有另一种不同的方式来参与塑造地球。喜马拉雅山脉是由巨大的欧亚板块和印澳板块碰撞塑造而成的。当然，由此产生的山脉可以归因于两块地壳比重相当，结果是两个板块正面碰撞并产生褶皱。稍小的印澳板块形成了山根，据信随着山顶的升高，山根也可以一直向下延伸到地幔。这是一个活跃的区域，许多地震为相关领域的老师和学生提供了无数的研究案例。珠穆朗玛峰现在被认为以每年数厘米的速度增高，不过有一些调查显示增长停滞了（表 7）。

表 7 大陆上最高的地方

大陆	地点	海拔（米）*
亚洲	中国珠穆朗玛峰（Mount Everest）	8 848.0
南美洲	阿根廷阿空加瓜山（Aconcagua）	6 962.0
北美洲	美国德纳里峰（Denali）	6 149.0
非洲	坦桑尼亚乞力马扎罗山（Kilimanjaro）	5 891.8
欧洲	俄罗斯厄尔布鲁士山（Mount Elbrus）	5 642.0
南极洲	文森峰（Vinson Massif）	4 892.0
大洋洲	印度尼西亚查亚峰（Carstensz Pyramid）	4 884.0

* 不同时期及不同国家或地区测量出的陆地海拔高度数据略有差异，此处数据与原书所提供数据一致。

转换边界

在观赏完离散型和汇聚型板块边界创造之后，我们很高兴地把注意力转向低调的转换断层。这类地方往往没有宏大的景观地貌，也罕有火山活动。当然，这里也有大事件，不是小裂谷或地貌弯曲变形，而是地震。被研究并拍摄记录最多的转换断层位于美国加利福尼亚州。臭名昭著的圣安德烈亚斯断层只是北美洲板块和太平洋板块之间边界上众多断层的代表之一。

旧金山以南的加利福尼亚州地区实际上并不在北美洲

板块上。两个板块在此处的移动方向相同，但速率不同。太平洋板块正以每年平均约 6 厘米的速度向西北移动，而北美洲板块每年向西北方向移动的速度只有 1 厘米左右。所以，表面的相对距离每年增加约 4 厘米。

地震

首先，让我们根据死亡人数列出史上最重大的一些地震（表 8）。

表 8 世界大地震一览

日期	位置	死亡人数（约数）	震级（里氏震级）*
1556 年 1 月 23 日	中国山西	830 000	± 8
1976 年 7 月 28 日	中国唐山	242 000	± 7.5
2010 年 1 月 12 日	海地	233 000	7
1138 年 8 月 9 日	叙利亚阿勒颇	230 000	不详
2004 年 12 月 26 日	苏门答腊以西 100 千米	220 000	± 9.1
1927 年 5 月 23 日	中国青海	200 000	± 7.9

（续表）

日期	位置	死亡人数（约数）	震级（里氏震级）*
856 年 12 月 22 日	伊朗达姆甘	200 000	不详
1920 年 12 月 16 日	中国甘肃	200 000	± 7.8
893 年 3 月 23 日	伊朗阿尔达比勒	150 000	不详
1923 年 9 月 1 日	日本关东	143 000	7.9

* 根据测定不同数据略有差异。

地震是什么

记得热力学第一定律吗？“能量既不能被毁灭也不能被创造”，这就是地震的关键——将储存在地下的弹性能释放。搅动软流圈的对流把它们的动能传递到上方的地壳，就好像主题公园里转动的轮胎驱动着摇摆船。但地壳也有质量，惯性增强了板块之间的摩擦。来自软流圈的动能总要有处可去，它便以弹性能的形式储存在地壳中。这种阐述可能在概念上有些跳跃，但你可以想想小时候可能玩过的橡皮筋驱动的飞机模型。

最终，随着储存的能量越来越大，摩擦无法阻遏运动，地壳便开始运动。地震波从震源处辐射开来，首先在震中的表面被感受到。最强的能量在这里得以释放。但是，破坏力的大小要取决于该地区建筑物是否密集，以及在建筑密集区人们对地震的准备程度。

地震波

地震以两种形式的波释放能量，初至波（P）和续至波（S）。它们分别是纵波和横波，其前进的速度不同，并在通过莫霍界面时表现出不同的行为。地震仪测量这两种类型的波，根据它们到达的时间差可以计算出地震仪距离震源有多远。使用世界上任何地方的三个地震仪，你就可以找到地震的震中，因为这些地震仪指示的范围只会有唯一的重叠地点（图 13）。

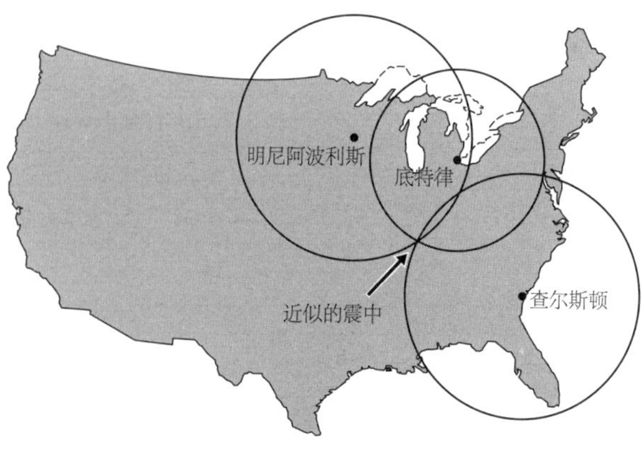

图 13 用三个地震仪定位震源

但这只是地震波理论的一部分。地震还会产生面波，正是这些面波破坏建筑物、道路和公共设施。这些面波被命名为“勒夫波”[以英国数学家奥古斯塔斯·爱德华·霍夫·勒夫（Augustus Edward Hough Love，1863—1940）命名]和“瑞利波”[以物理学家约翰·威廉·斯特拉特（John William Strutt，1842—1919），即瑞利男爵三世命名]。这两种波使地面上下或左右晃动（图 14）。

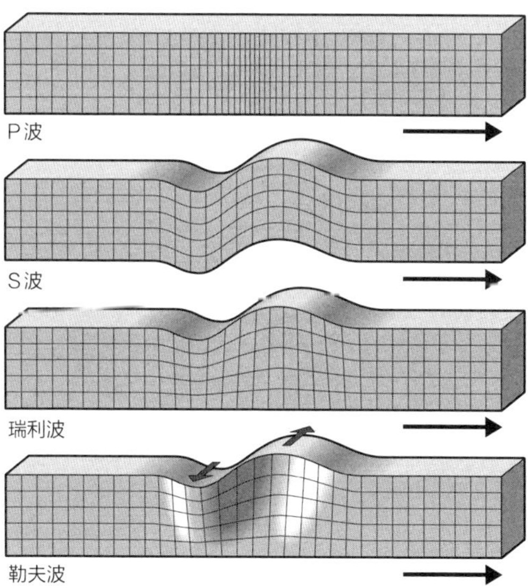

图 14 地震波

海啸

和山体滑坡一样，海啸是地震引发的最严重的次生自然灾害。产生海啸的原因包括海底地震、海底火山喷发、海底滑坡以及滑坡进入水中。由滑坡进入水中和海底滑坡造成的海啸暂时还没有造成非常严重的后果。

早在1964年，安克雷奇地震造成大约131人死亡，其中约122人因接连的数次海啸丧生。迄今，这仍是美国历史上致死最严重的海啸，但未来可能还会发生更多。取决于你相信谁的观点，一些预测认为将来可能有一场发源于加那利群岛的致命海啸，将会袭击美国东海岸。

来自康伯利维亚火山的威胁

有两个大型灾难比其他所有因素对美国产生更大的威胁——黄石超级火山和康伯利维亚火山的崩塌。康伯利维亚火山是形成了加那利群岛中拉帕尔马岛的火山系统的一部分。1999年，有人提出，在未来的一次喷发中，火山的西侧可能会滑入大海，引发一场大海啸。这一海啸将由500立方千米的碎石滑入海中引发，6个小时之内就能穿越大西洋抵达美国东岸。刚上岸的波浪预测有30~60米高，最远可能将深入内陆25千米。

虽然有若干研究小组同意这一观点，但有些并不同意。

反对方的主要的观点是，虽然康伯利维亚火山确实在移动，但其运动相对较慢，因此不会创造这样一个高量低频的事件。

液化

在你十几岁时做过的噩梦里可能没有出现你家被吸入地底的可怕前景，但如果你住在神户或是旧金山，这种情况就可能发生。当地震到达松软的地面时，如神户港或旧金山湾区的填海土地，地震会摇晃地面——想象一下把一碗糖的表面摇平的场景。不幸的是，任何位于这块土地上的重型建筑都可能下陷。事实就这么简单，但也就是如此致命。如果再算上晃动的地下水，“润滑”着下沉的建筑物，这就是灾难发生的所有因素了。

我们能预测地震吗？

你可能听说过这样的故事，狗、老鼠和蛇能够在前震到达前感知地震。但是，难道这是所有能帮助我们的东西吗？事实上，它们真的能感觉到地震吗？通过使用灵敏的激光水准仪的阵列，以及大量的地震记录仪和气体探测器，人类也可以看到一些地震的早期迹象，但仍旧可能已经来不及了。现在，人们认为动物的震前行为可能是由被困在地下的氡等气体的释放而触发的。

里氏震级

在两个衡量和比较地震的标度里，里氏震级是大多数人较为熟悉的那一个。

1935 年，地震学家查尔斯 · 里克特（Charles Richter）和贝诺 · 古登堡（Beno Gutenberg，地核和地幔之间的分界线“古登堡界面”正是以他的名字命名的）在加州理工学院工作时，通过测量地震仪上记录的地球的实际位移，提出了后来被称作里氏震级的标度。这是一个对数标度，因此不断增加的数字代表几何级数，而不是算术级数的增加（图 15）。里氏震级没有上限，但只有 4 场大于或等于 9 级的地震曾经被记录或估测（表 9）。

表 9　里尔震级≥9.0 的地震

里氏震级	事件
9.0	1755 年，葡萄牙里斯本
9.1	2004 年，印度洋班达亚齐
9.2	1964 年，美国安克雷奇
9.5	1960 年，智利瓦尔迪维亚

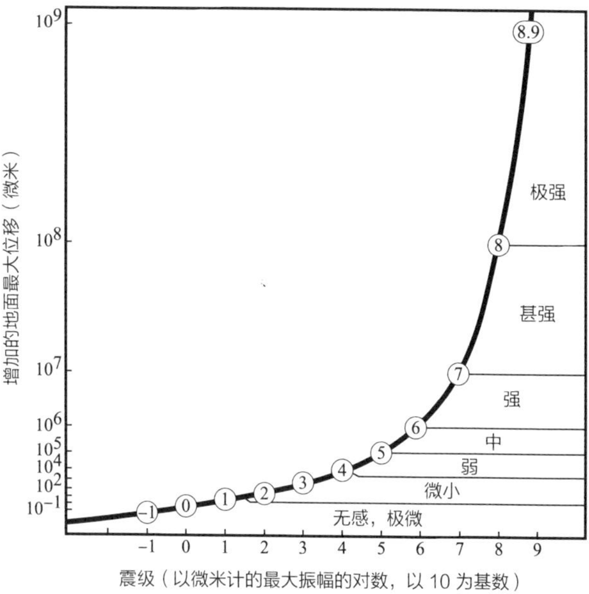

图 15　不同里氏震级对应的地面位移及震感

超高震级

如果里氏震级在 6 500 万年前就存在，创造出墨西哥尤卡坦半岛上的希克苏鲁伯陨石坑的陨石撞击事件将会达到 13.0 级。虽然里氏震级仍然是最常被媒体引用的标度，但当代的地震学家使用的其实是矩震级（MMS）。该标度出现在

20 世纪 70 年代，它根据板块运动的实际尺寸大小，将地震的规模像里氏震级那样排序。

麦卡利烈度表

里氏震级是对地震强度的测量，而麦卡利烈度表（也称为“修订的麦卡利烈度表”）则是一个衡量地球运动强度的指标。该标度于 1902 年被提出，它包括从Ⅰ到Ⅻ这几个等级，使用罗马数字区别于里氏震级。由于这种标度的内在主观性，它被多次修订。有趣的是，查尔斯·里克特是最后一个对麦卡利烈度表做出修改的人，并帮助提出了当今仍被使用的修订的麦卡利烈度表。

火山

无论是但丁（Dante）所描述的地狱还是普林尼（Pliny）笔下的维苏威火山喷发，迄今为止最令人印象深刻、最能满足想象力的地壳活动事件非火山喷发莫属。我们每个人都被其特殊的魅力征服。

火山的类型

火山分为五种不同类型。

裂隙式火山——这种火山不是经典的对称圆锥体，而是地壳上的大裂缝，熔岩从中流出。尽管在所有的火山中，这种火山的名气不大，但它们却是全球气候变化和大规模地貌塑造的最大贡献者。印度中部的德干暗色岩说明了这种火山的能力有多大。德干高原有厚达 2 000 米的多层玄武岩，占地面积达 500 000 平方千米。

盾形火山（碱性）——盾形火山的坡度较小且平坦，是由相对纯净的玄武岩从峰顶迅速流下并冷却形成的。这种火山是离散型板块边缘和热点处的典型地貌。夏威夷群岛正是如此，在某种程度上讲，冰岛也存在这种地貌。

穹形火山（酸性）——如马提尼克岛培雷火山等，这种火山有着陡峭的边缘。它们是"典型"的火山，主要产生于汇聚型板块边缘。在大量的二氧化硅与玄武岩混合的情况下，这种火山的熔岩是非常黏滞的，还没流出太远就凝固了。此外，这种火山喷发较猛烈，黏滞的熔岩将蒸汽和气体困在火山内，直到它再也承受不住。就好像我们摇晃一瓶香槟，当压力太大时，瓶塞就会被冲开。

复合型火山——这种火山也被称为层状火山。长时间的多次喷发产生一层层的熔岩、火山灰和火山渣，结果形成了一个复合型火山，由层层坚硬的熔岩和激烈喷发产生的较松散的火山灰组成。如此分层产生的脆弱之处可以被熔岩利用，并能喷出含有大量火山灰的物质。这正是埃特纳火山可以带给西西里岛居民的“礼物”。

破火山口——这是一种有湖在中间的火山。当火山喷发已经激烈到足以把岩浆房清空，地面就会下陷来填补这一空洞。结果，火山顶部会产生凹陷，随后水填满其中变成湖。尽管这是一个相当普遍的特性，从非洲到北美洲都有，但最有名的当属地中海圣托里尼岛。在这里，海水冲入破火山口，并产生了一圈令人印象深刻的小岛。

熔岩和岩浆的区别是什么？

两者都是融化的岩石，但是岩浆是地球表面以下的熔融的岩石，而熔岩是到达地面的岩浆。

火山喷出来的是什么？

每个火山都不同，但它们的喷发物主要分为四大类。

熔岩——虽然在视频上很壮观，但熔岩并不是太危险。

这里将熔岩宽泛地分为玄武岩熔岩和安山岩熔岩两类，熔岩的特点与岩浆中二氧化硅的含量密切相关。

玄武岩熔岩——这种熔岩二氧化硅含量低，易流动，在小型喷发频繁的离散型板块边缘出现，因此我们很容易注意到，而不会去自找麻烦。这种类型的熔岩在不同地区有许多当地的名字，我最喜欢的是“Aa”（在拼字游戏里值得一试），它特指在夏威夷岛链上自由流动的熔岩。

安山岩熔岩——这种熔岩与玄武岩熔岩正相反，二氧化硅含量很高，十分黏稠，并且很可怕。它是一种温度更低、速度更慢的熔岩，通常出现在汇聚型板块边缘附近。板块俯冲还会在熔岩中额外加入富含二氧化硅的海底沉积物。结果，在受热后，气体形式的杂质在高压下被释放，产生激烈但较低频率的火山喷发。然而，如果火山喷发不那么频繁，人们就会忽视风险，这才是极其危险的。

火山碎屑流——一个相对宽泛的术语，描述了火山中喷出的炽热物质。这涵盖了各种各样从山上下来的东西。这种物质的传统形象是燃烧的云或火山发光云及随后产生的灰烬，比如曾在庞贝或培雷火山出现的现象。火山发光云具有以下各种特点：最高速度每秒达300米，温度高达1 200摄氏度。此外，火山喷射到空中的碎片从巨大的、炸弹般的熔岩到小石头和火山灰不等，它们都会落在火山的周围。因此，许多岩石碎片的混合物会被通过的泥石流（火山泥流）带下火山的斜坡。

灰——这是指空中非常细微的碎片，它可在局部范围内对火山泥流的成分造成影响，摧毁附近区域的庄稼，并改变全球范围的气候。我们可能需要重新考虑“火山喷发能创造肥沃土地”这个听起来不错的观点。1991年菲律宾皮纳图博火山喷发，对于那些被火山泥流和火山灰逼迫到离乡背井的阿埃塔人来说，即使告诉他们一旦土壤开始恢复一切就会变好，或许也于事无补。

气——你将在本书的气候变化部分读到火山释放的气体不能被忽略。在局部尺度上，气体提供了一个很好的指标来判断火山是否即将爆发，这可以被视为好事。对于1986年8月生活在喀麦隆尼奥斯湖的人们而言，这些气体则不太有用。那时，火山口湖底部的岩浆将二氧化碳释放入湖中，尼奥斯湖突然排放出大量混合着二氧化碳和硫化氢的有毒气体，这股气体蔓延到附近的村庄，大约2 000人和他们的牲畜都因此丧命。

鲁伊斯火山

鲁伊斯火山是安第斯火山带最北端的火山，位于哥伦比亚波哥大以西约130千米处，在环太平洋火山带内。它已经活跃了约200万年。1985年11月，一场相对较小的火山喷发产生了火山碎屑流，它与山峰上融化的冰雪混合，造成了几场大的泥石流。这些泥石流从火山上冲下来，速度每小时高达60千米并不断增大，摧毁了所有挡在面前的事物。其中一次泥石流宽度达到了50米。泥石流几乎完全吞没了小镇阿尔梅罗，其他乡镇也几乎完全被毁灭。总共超过5 000栋房屋被毁，23 000多人死于这场后来被称为“阿尔梅罗的悲剧”的火山事件。

火山喷发的类型

有两种类型的火山喷发——罕见、激烈且十分危险的，频繁、壮观但“基本上无害”的［正如道格拉斯·亚当斯（Douglas Adams）所说］。我们将地球上的所有火山喷发都归到这两类里面：

基本上无害的喷发——冰岛和夏威夷的喷发非常频繁，但相对温和，除非它们有无法预料的二次影响（就像在 1996 年 10 月格里姆火山喷发之后，其上的瓦特纳冰盖融化），这些喷发可以被认为是不太危险的。在这个类别里最极端的就是斯特龙博利式喷发，尽管频率更低且更猛烈，但能轻松预测，留给人们足够的时间逃离。

极度危险的喷发——对于这个类别的喷发，报几个名字你或许就懂了：维苏威火山、喀拉喀托火山以及培雷火山。这是三座最著名的致命火山。

测量火山喷发

火山的喷发可以用一种被称为“火山爆发指数”（VEI）的对数标度测量，这种指数的最大值为 8（图 16）。

火山爆发指数于 1982 年由美国地质调查局（USGS）的火山学家克里斯·纽霍尔（Chris Newhall）和美国夏威夷大学的斯蒂芬·塞尔夫（Stephen Self）教授提出。它综合了定量和定性的方法，测量喷出物的体积、喷发云的高度和喷发的持续时间。用来描述每个分类的形容词可以帮助理解，正如麦卡利烈度表为里氏震级增加了另一个维度那样，这些形容词使火山喷发指数更“生动”了（表 10）。

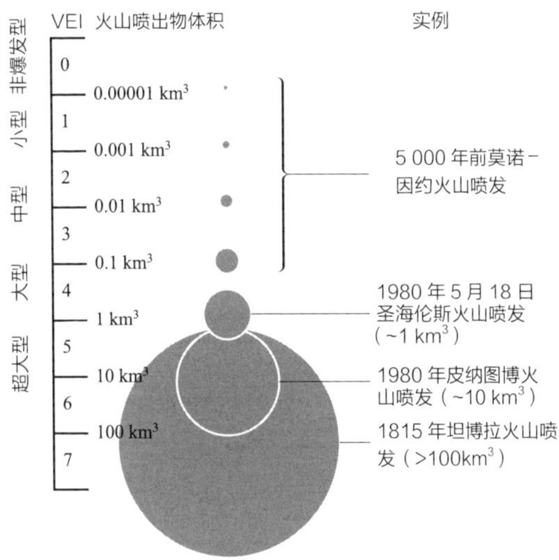

图 16　火山爆发指数

表 10　火山爆发指数对应表

VEI	分类	描述
8	超普林尼式	巨庞大的
7	超普林尼式	超庞大的
6	普林尼式	庞大的
5	普林尼式	阵发的
4	培雷式	灾难性的
3	武尔卡诺式	严重的
2	斯特龙博利式	爆发性的
1	夏威夷式	温和的

“普林尼式”得名于两位普林尼先生，小普林尼撰写了关于公元 79 年维苏威火山喷发的故事，他的叔叔老普林尼在该次喷发中丧生。“培雷式”得名于马提尼克岛的培雷火山，这种喷发最典型的例子是 1980 年圣海伦斯火山喷发。

超级火山

提到火山相关的话题，如果不提“超级火山”的话绝对是我的疏忽。有一座超级火山就位于美国的黄石国家公园下方。证据显示，公园正下方是个非常大的、可能快被填满的岩浆房，并且巨大的火山喷发事件早就该发生了。先前喷发的证据告诉了我们这些事件的规模和年代。从年代学角度来说，黄石确实处于可能喷发的时间段内，而从规模而言，这场喷发几乎肯定会对美国产生灾难性的影响，并改变世界各地的气候。

为什么人们住在火山附近?

有一些地方火山灾害风险很小，而住在这些地区的优势大于风险。冰岛是一个典型的例子：所有地热能都是免费的，热水多到能够直接沿热水管道输送到家庭中，加热房屋后又从附近的道路底部流出，清除路上的积雪。对于皮纳图博火山上生活的阿埃塔人而言，一旦土地恢复稳定，火山灰能带来各种好处，包括使土地富含营养物质和方便制作陶器。对每个地点来说，虽然未来会有潜在风险，但肯定也有当下的好处。在更准确预测的帮助下，并利用工程不断降低易损性，尤其是在富裕国家，成本效益分析将倾向于选择当下的效益。当然，如果你能够为你的家或公司买保险，这一切就更说得通。而在经济发达程度较低的国家，事实则更为明显——人们没有多少选择。

气候和天气

*

这个话题总是很难弄明白，因为相关的概念太抽象了。尽管它就在我们身边，但我们经常发现很难解释为什么天气总是那么寒冷和潮湿。在深入研究这一部分的一些关键内容之前，这里有一个你必须学习的口诀。

气象学口诀

- 暖空气会上升。
- 暖空气边上升边变冷。
- 随着暖空气降温，它贮存水蒸气（水的气态形式）的能力也会减弱。

- 相对湿度达到百分之百后，凝结作用发生。
- 云由此形成。
- 结果降水可能发生。

如果你把这个搞懂，接下来的就是小孩子的游戏了。

导致降雨的原因是什么？

这是最好回答的问题之一——空气上升。这真的就是如此简单。

地形降雨——当空气吹向一座山，它不能穿过山体，所以被迫上升。然后接气象学口诀的第 2 句就行了。

对流降雨——空气接触温暖的地面并升温。受热的空气的密度较低，所以会上升。紧接着口诀的第 2 句。

锋面降雨——在暖锋处，暖空气上升至较冷空气上方。而在冷锋处，寒冷的空气把温暖的空气推向高处。无论是哪种情况，接着口诀的第 2 句就对了。

大气环流

让我们从最大尺度说起——这也确实是一切的开始，地球的气候总是将能量从其充足的地方向不足的地方转移。

也就是说，从赤道到两极。如果赤道是一条由地球表面上离两极等距的点组成的线，那么热赤道就是在任何一天得到最多日晒（在太阳光线下暴露最多）的一条纬度线。

在热赤道，日晒加热地面，与地面接触的空气（边界层）升温，这里的空气变得比周围的空气密度低，因此上升。还记得我们的口诀吗？“暖空气会上升……”于是，在热赤道上方会产生一道雨带——赤道雨带，这解释了世界上最茂盛的生物群系热带雨林为何出现在这里。

三圈环流模型（图 17）最初可以追溯到乔治·哈得来（George Hadley，1685—1768），他在 1735 年首次提出了一个观点，即赤道空气上升后向两侧移动。1856 年，威廉·费雷尔（William Ferrel，1817—1891）将哈得来的理论更进一步发展，并使得这一理论载入史册。因为大多数气候相互作用发生在大气层最下层的 10~15 千米的范围（对流层），当空气上升到达这一高度后必须向北或南移动。这里就好像是一个挡住上升空气的盖子。空气在上升的过程中冷却，因此在向北方或南方移动后，它会下降。（抱歉我要忽视南半球了。这些年我发现，如果试图同时解释两个半球，只能使事情复杂化。）空气大约在距它上升的地方向北 30 度处下降。下降的空气产生副热带高压（STHP）。现在，你可

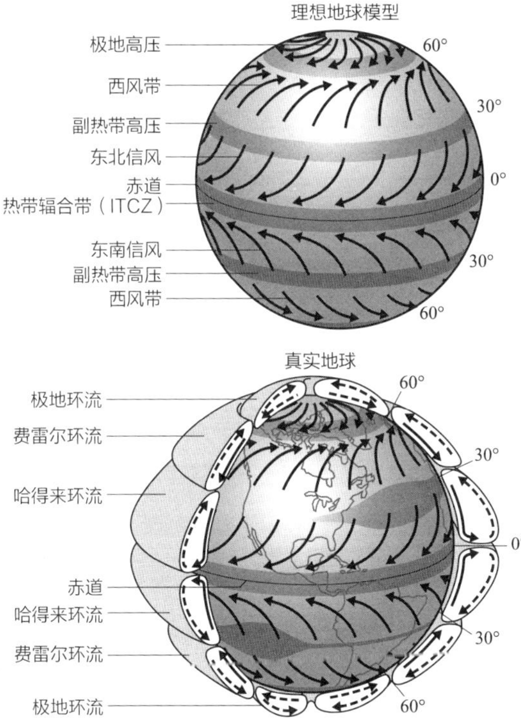

图 17　三圈环流或大气环流模型

以猜出这对当地的影响：升温的下降空气导致干燥的环境，出现像撒哈拉沙漠这样的极干旱地区。一旦空气下降到地面，它就会在地球表面向两个方向移动。一些空气朝赤道方向移动并形成哈得来环流，另一些则向北去。向北移动的空气与来自极地环流的空气相遇。后者在北极超级寒冷的环境里变得温度极低，因密度大而下降，并被推着南下。

如果你此刻正在英国读这本书，那么很有可能这种汇合正发生在你的头顶上。英国之所以能拥有如此舒适的天气，就是因为这个名字很好听的现象——极锋辐合（PFC）。在这里，费雷尔环流的热空气和极地环流的冷空气相遇。就像大洋板块与大陆板块的相遇那样，这两股空气相遇时必然有些东西会转移，也就是能量。两股空气混合，来自费雷尔环流的空气冷却，然而，当空气冷却后，有趣的游戏便开始了。

在结束这个宏观视角之前，有两件事必须说明：首先，洋流也会转移很多能量；其次，热赤道随季节移动。由于热赤道的移动，赤道雨带和极锋辐合都随之移动。因此，才会有类似奥卡万戈沼泽这样的地方出现，这些地方在夏季被降雨滋养，到了冬天就会干涸。

低压

确切地说，这应该叫作温带气旋，它与热带气旋有一些共同特点，但有一个明显的区别。要产生低压，需要有两个截然不同的气团，再加上旋转。极锋辐合提供了两种截然不同的空气团，而旋转则来自于低压中心。气压的高与低，其实是一种测量向下推向地球表面的空气重量的指标。在沙漠里，空气下降，因此产生高气压。当空气上升时压力被释放，地表就变成了低压状态。在极锋辐合下，一系列高压和低压环流的形成还要归因于急流（图 18）。

急流和低压环流

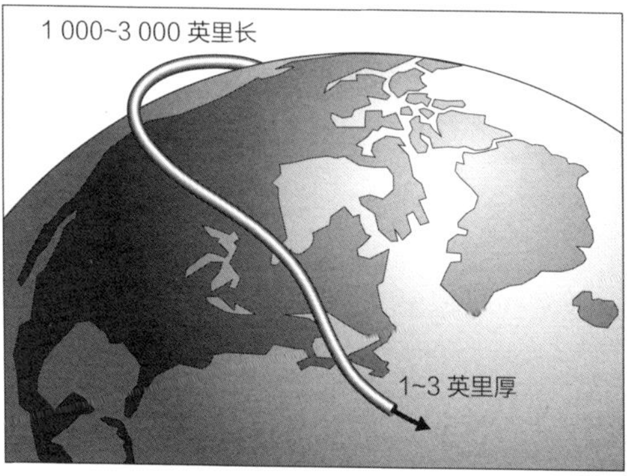

图 18　北半球极地急流

我们很少用比对流层更高的区域来解释天气，但急流就是一个例外。急流出现在比一般的天气现象更高的大气范围。在对流层顶（海拔高于 10 千米的地方），急流的移动非常迅速，速度近每小时 40 千米。

很多人都知道喷气式飞机应用了急流的原理。但急流的主要功劳，是在英国所处的纬度上创造一连串的高压与低压中心。以波形（罗斯贝波）行进的急流，在从北到南移动时加速，反之减速。就像在好莱坞电影中，一辆汽车沿着满是落叶的路飞驰而过，所经之处卷起大量落叶，加速的急流从对流层中吸取空气，产生一个低压环流来扰乱我们的天气。当然，急流减慢则有相反的效果：空气堆积，被迫下沉，产生高压。这就是你经常看到一连串的高、低压环流穿过大西洋的原因。

低压及其带来的天气

我猜很多人对图 19 都很熟悉。低压是由冷暖空气再加上冷锋和暖锋组成的。首先注意，风是逆时针方向向内刮的（这是科里奥利力，以一名 19 世纪的法国科学家命名）。低压意味着逆时针的风，高压或者反气旋则是向外旋转的顺时针的风。

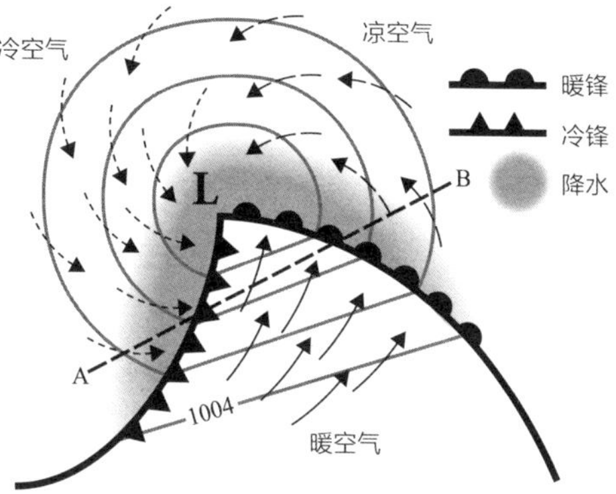

图 19 经典低压系统

于是，锋面带来降雨，而冷锋比暖锋更加多变且有侵略性（图 20）。两种锋面在天气图中的出现都不是什么好消息，因为它们会带来许多上升空气——我们都知道空气上升时会发生什么。最后关于低气压系统要说的是，冷锋会常常“追上”暖锋，并躲在暖锋之下。

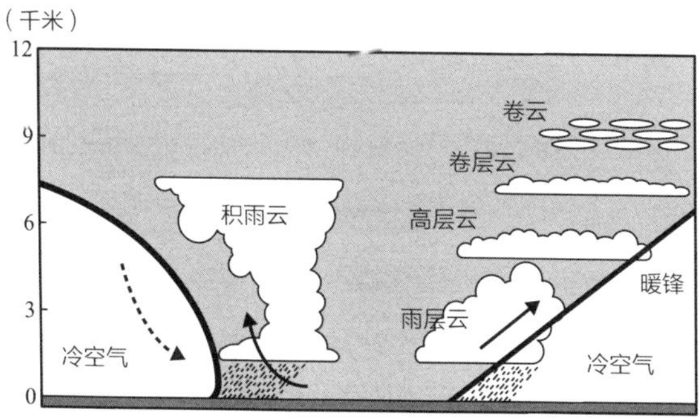

图 20 低气压系统的横截面

锢囚锋

这下好了，不仅温暖的、更湿润的空气被向上推，它甚至被冷空气完全包围住了（图 21）。结果就是狂风、乌云和大量降水。

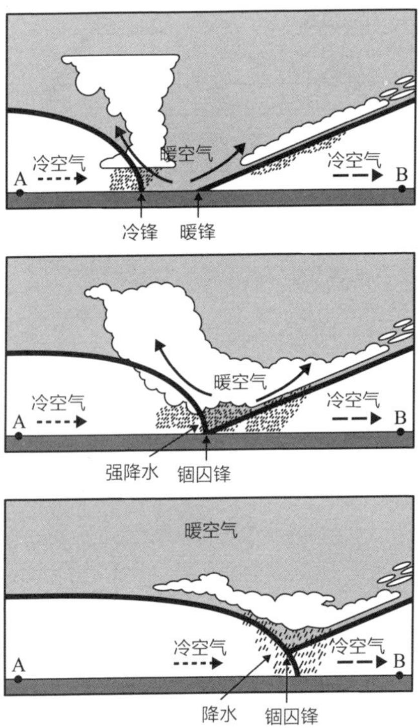

图 21 锢囚锋

反气旋

与那个恶劣的低压系统相比，反气旋则是小事一桩。空气在高压环流中下降。风相对平静，没有空气团的汇合。天气会很好，特别是有热带气团的话。不过，季节性的极端天气确实会造成严重的破坏。在夏季，反气旋可以阻止云的形成，并导致干旱。在冬季，它们会带来非常低的夜间温度。下降的空气会导致非常有限的云量，所以在晚上地面只会辐射热量，而接收不到热量的反射，空气就变得很冷。最糟糕的反气旋是阻塞反气旋。它们停留的时间比正常的长得多，因为急流可以分开从它们两侧经过，并使它们停在原处，就好像河流中的涡流会停留在同一个地方而水流会绕过它那样。

印度夏季季风

乞拉朋齐，也叫“苏赫拉”，位于印度的梅加拉亚邦，以地球上最潮湿的地方而闻名。在 1860 年 8 月至 1861 年 7 月之间，这里的降水量创纪录地达到了 22 987 毫米。如果告诉你 1 毫米的降水相当于每平方米地面上有 1 升的水，你就知道问题在哪里了。附近的毛森拉姆近年来一直在争夺这个头衔，但是“天气迷”们不愿意把王冠传出去。这种坚持是由于毛森拉姆的持续降水记录有限。这两个地方都是印度夏季季风的必经之处。季风（图22）是一个全球性的经典气候特征，对所有人来说都是应当掌握的地理知识。

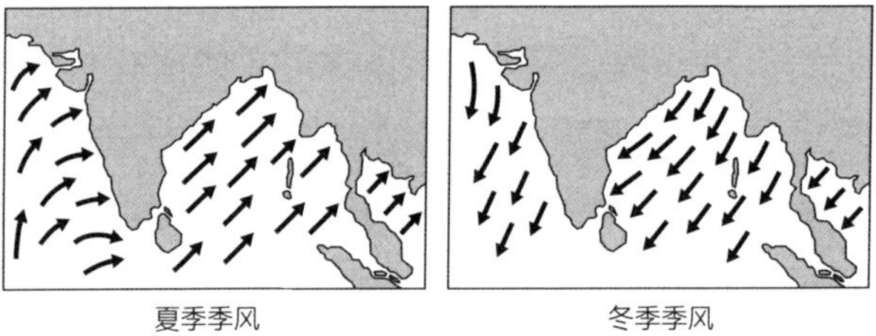

图22 季风

大陆度理论

简单来说，和同纬度的沿海地区相比，大陆的中心在夏天更热，在冬天更冷。大海容易把热量传到它周围，陆地则有更低的比热容。也就是说，将陆地的温度升高所需的热比将水升高所需的要少。这意味着在陆地上夏季很热。这种现象在青藏高原北面的西伯利亚最为典型。在夏季，西伯利亚内陆变热，和土地接触的空气温度升高。密度较低的空气上升，导致该地区的低压环流形成。这片区域的低压环流范围是如此之大、如此之深，以至于阿拉伯海和孟加拉湾上空的空气都移到了印度次大陆上方。当然，这些来自海上的空气十分潮湿，从而给印度全境带来雨水。与此同时，东西高止山脉上方的空气也被迫上升，降雨十分强烈。乞拉朋齐地区的特殊之处还在于，它处于喜马拉雅山脉的山麓。是的，你可能已经猜到了。潮湿的空气沿着这一雄伟的山脉上升，在它上升的过程中便会下雨——很多雨。

乞拉朋齐真的是“地球上最潮湿的地方”吗？

答案并不一定。在冬天，正如许多经典俄国文学的爱好者所知道的那样，西伯利亚会变得非常非常冷（1922 年 2 月 6 日，有记录的温度低于零下 67.8 摄氏度）。冰冷的陆地意味着下降的空气，也就是高压。结果是，一切都在冬天反转了，乞拉朋齐被包括在喜马拉雅山的雨影[①]之中。因为乞拉朋齐在冬天不怎么降雨，夏威夷考爱岛上的怀厄莱阿

① 雨影指在山区或山脉的背风面，雨量比向风面显著偏少的区域。——编者注

莱峰现在是最为人们广泛接受的世界上最潮湿的地方，因为其数据更可靠，一年里可能有360天都在下雨。

飓风、台风、旋风和畏来风

热带风暴（TRS）是传说中的常客，给人类带来许多痛苦。TRS在不同地区有不同的名字，所以你不会在加勒比海遭遇台风，也不会受到孟加拉国的飓风影响。[①]如果你很好奇，在澳大利亚人们把热带风暴叫作畏来风。

热带风暴的形成

如果不满足以下全部条件，TRS是很难形成的（虽然在2006年9月类似的风暴发生在了地中海地区）。要创造TRS，你需要：

---

① TRS在加勒比海地区常被称为飓风，在孟加拉国被称为旋风，在我国南海则被称为台风。——审校注

- 水温 26.5 摄氏度及深度达 50 米的水。
- 科里奥利力。因此距赤道应不少于 500 千米，因为赤道附近的科里奥利效应可以忽略不计，而你希望它可以旋转。
- 风暴对流环来提供低压中心。
- 可忽略的切变风（风向水平于海面的风），它阻止了对流塔的形成。

上述温度的水很容易蒸发，并将热能以动能的形式带入天气系统。高耸的对流云将上升的空气迅速带至很高的高度，水汽凝结。就好像你向水壶里注入能量会产生蒸汽，是一样的原理。当情况相反——冷凝过程发生时，能量会从上升的空气中释出，这就是风的动能来源。同时，低压把空气向内吸，科里奥利力使空气呈螺旋状运动（图 23）。

是什么造成了飓风的破坏力?

在 2005 年卡特里娜飓风和 2008 年纳尔吉斯强热带风暴之后，你可能对热带气旋的影响有了清晰的认识，而破坏的源头主要有 3 个。

强风——当风速每小时达 118 千米以上，一个普通的热

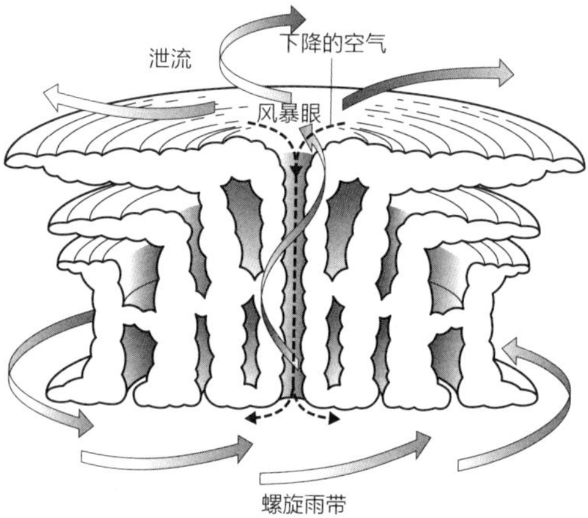

图 23　TRS 如何形成

带风暴就会变成飓风级别，但据估计飓风的风速每小时可超过 306 千米。这种风足以吹走树、牛甚至建筑物，如果再加上它们携带的碎片，就十分可怕了。（最高纪录的风速每小时达 408 千米，由 1996 年澳大利亚巴罗岛的奥利维亚热带气旋创造。）

降水——艾格尼丝飓风创纪录地造成达 211 毫米的强降水。这种强降水会导致当地遭受洪水、直接降雨及冰雹的灾害。

风暴潮——风暴潮常常被认为是热带风暴最具破坏力的方面。它们由风暴前端的强风和海洋在低压中心的“膨胀”的相互作用而产生。在袭击密西西比海岸时，卡特里娜飓风产生的最大风暴潮，高度达到了 7.6 米。

龙卷风

像河里的漩涡一样，龙卷风就是大气中的涡旋。说来也奇怪，英国是世界上龙卷风发生频率最高的国家，然而，它们通常集中在改良藤田级数的低水平区间（0 和 1）。美国每年有超过 1 200 场龙卷风事件发生，很多发生在“龙卷风走廊”地区，大多数都是改良藤田级数 2 级以上。

热空气和冷空气碰撞时，大积雨云往往会出现，而龙卷风正是从这些云中下降直至登陆。龙卷风的风速从每小时 64 千米到每小时 177 千米。这种短暂的现象同样极具破坏性，不过，它们不会造成大规模降雨或风暴潮，无法比肩热带风暴造成的破坏规模。它们的突然出现意味着人们很少或根本没有可能为之做准备。最美丽的场景是，当龙卷风经过一片水域时，会把水吸向高空，造出海龙卷（俗称“龙吸水”）的奇景。

传闻，它们曾经把毫无防备的潜水者从大海里卷出，再抛到海岸边。几乎可以肯定的是，海龙卷曾经把鱼吸上天，造成天上下鱼的壮观景象。

厄尔尼诺

这是导致极端天气的最重要的气候特征之一（表 11）。通常情况下，太平洋的信风会从南美洲吹向亚洲。出于一些尚未被人们完全理解的原因，在某些情况下，这种风不会这么吹。这就意味着，通常堆积在西赤道太平洋上的温暖的海水，会向东方蔓延。结果就像打开你的电暖炉的第二盏加热灯。更大面积的温暖的海洋表面传输给大气能量，同时更多的蒸发也为大气提供了更多水分。结果，大气层突然进入了一种不同的状态，这也改变了天气。

表 11 厄尔尼诺的一些影响

对西方的影响	对东方的影响
印度尼西亚、澳大利亚和马来西亚地区的干旱	南美洲的大雨——导致安第斯山脉山体滑坡
美国北部和加拿大西部温和的冬天	欧洲春天强降雨，导致洪水
飓风季节缩短	秘鲁渔业遭受重创
加拉帕戈斯群岛鬣蜥死亡率上升	美国南部各州降雨量增加

各种古代文明的历史性毁灭都被归咎于厄尔尼诺现象（西班牙语直译为“小男孩”），包括阿兹特克文化的覆灭。人们还认为，气候反常导致西欧农作物歉收，可能促成了 1789 年法国大革命。

还有一种效应叫作拉尼娜，其影响与它的“兄弟”厄尔尼诺相反。两者一起被称为ENSO（厄尔尼诺与南方涛动）。坏消息是，全球气候变化不仅会扩大ENSO的影响，而且会使它发生得更频繁。

全球性问题

*

气候变化

气候变化这一领域有大量几乎无可争辩的证据，也有许多针对不同尺度的理论争论不休。科学的发展方式就是支持理论，积累证据，质疑现有理论无法提供完整解释，提出新的理论，支持新理论，推翻它，然后提出更新的理论。关于气候变化，我们尚不清楚所有的时间尺度和变化程度大小之间的相互关系。显然，被困在地球的大气系统内的能量的微小变化都能产生深远的连锁效应。现在，我们尚未完全理解这些影响。

换句话说，这个问题存在很大的不确定性，以及复杂性——不是所有的问题都被透彻地理解，从而被预测。在本书即将出版之时，人们在两点上基本达成了共识：

- 无论过去或未来，气候一直在变化（不管有没有人类参与）。
- 人类已经改变了地球循环的自然系统，比如碳循环，所以关于气候带和天气，人类现在可能处在一个与以往不同的位置上。

除此之外，其他一切依旧在研究、提出理论和寻找证据的范围之内。这包括全球气候变化的非常新的证据——21 世纪相对缓慢的变暖进程。

两个已知的重要概念

反照率和地球——反照率是地球或海洋表面反射水平的度量（例如，镜子几乎是 100%反射性的，它们的反照率很高，而深绿色的热带森林的反照率则较低，仅为 14%）。这意味着什么呢？很简单，如果某处反射的少，那么那里吸收的就多。如果地球表面某处吸收了更多能量，那么太阳的能量将被困在地球上。大量的能量都以长波的形式散发到大气中，然后被温室气体困住。反射的光则直接回到宇宙，因为反射不改变它们的波长，如果它们是穿过大气层来的，就可以回到它们来的地方。

关于反照率的最后一点：北半球的39%是土地，而南半球只有19%。也就是说，在全球尺度上，季节的变化会造成全球平均反照率的变化。所以，如果我们改变射向地球的太阳光的季节变化，我们就会改变一整年里地球能量的反射与吸收的平衡。

温室效应——简而言之，如果没有温室效应（图24），我们真的只能生存在陆地和海洋上的一条狭窄的赤道带上。

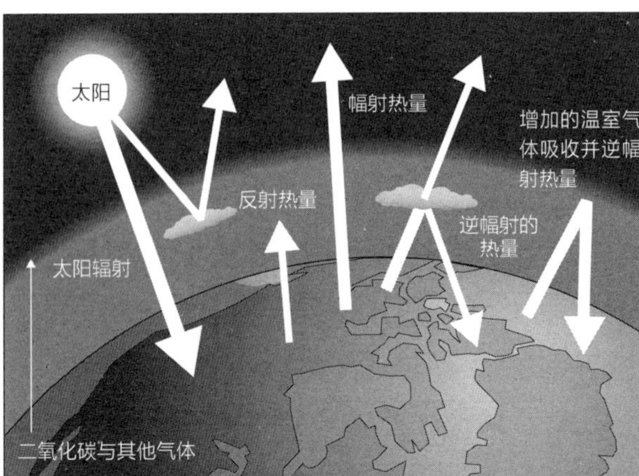

图24 温室效应

构成地球大气层的气体擅长困住向外散去的长波辐射。这些向外的辐射是地球被来自太阳的短波辐射加热的结果。如果这些气体没有施展这个巧妙的小把戏，那么地球的平均温度将是零下18摄氏度，而不是当前的14摄氏度。要知道，全球平均气温只需要下降6摄氏度，就能让我们进入最糟糕的冰河时代，现在你应该能明白为什么我们如此喜欢温室效应了。

我们已知的一些总结

根据来自美国环保署（EPA）的信息，以下事宜应当被列入清单：

- 人类活动在改变大气层的组成。
- 在1906年到2005年之间，北半球和南半球都有毋庸置疑的变暖趋势的记录。
- 大多数温室气体可以在大气层中存在几十年甚至几个世纪，所以这些气体的水平在接下来的几十年中肯定会上升。
- 温室气体浓度的增加会使地球变暖。

温室气体清单

人们很容易相信“头号公敌”二氧化碳是唯一的温室气体，或者至少是危害最大的那一种。事实上，二氧化碳甚至都算不上最强大的自然温室气体（表 12）。甲烷作为温室气体的效力是二氧化碳的 20 倍。再加上甲烷在空气中氧化会产生二氧化碳，你就明白它有多厉害了。大多数（自然形成）的甲烷被封存在地壳中，但时刻准备着从融化的冻土中逃入大气层。这是另一个我们可能面临的问题。而且，我们还没有提到那些霸占头条新闻的越来越多的奶牛，它们的屁也会增加大气中的甲烷含量。

表 12　不同气体对温室效应的贡献

气体	对温室效应的贡献
水蒸气（H_2O）	36%~73%
二氧化碳（CO_2）	9%~26%
甲烷（CH_4）	4%~9%
一氧化二氮（N_2O）	6%
臭氧（O_3）	3%~7%

每种气体的贡献的大范围波动，是由于许多不确定性。这些不确定性依旧很少被报道，也是个被故意回避的话题。

除列出的气体之外，还有一系列人类合成并使用的气体：含氢氯氟烃（HCFCs）和氯氟烃（CFCs）。

温室气体浓度的变化

温室气体水平的上升速率（表 13）是政府间气候变化专门委员会（IPCC）及许多伟大的政治家、活动家和企业家工作的核心。

表 13 温室气体浓度的增长

温室气体（按浓度排序）	现有浓度（ppm）	年增长估值（ppm/年）
二氧化碳（CO_2）	387	1.6
甲烷（CH_4）	1.751	0
一氧化二氮（N_2O）	0.001-0.314	0.06

正是基于这些微小的增长，科学的发展开始建立起人类活动和全球变暖的直接关系。

已知的未知

我更想把这些事归类为“挑剔的怀疑”。我们对这些事情知道得还不够多，但单单持有这个观点就可以让你戴上怀疑论者的帽子。总的说来，以下几点是人类面对的非常复杂的问题，我们必须先把它们弄明白，才能考虑接下来该怎么做。

- 加深对自然气候变化、太阳的能量变化、土地利用的变化、污染物气溶胶的升温或降温效应，以及湿度变化和云层覆盖变化等问题的理解。
- 确定人类活动和自然因素对气候变化的相对贡献。
- 预测未来温室气体的排放，以及气候系统将如何在一个狭窄的区间内做出回应。
- 增进对可能快速或突然发生的气候变化的理解。

基林曲线

自 1958 年以来，我们连续地记录了大气中二氧化碳的水平，这还要多亏查尔斯·大卫·基林（Charles David Keeling）首先开展的具有启迪性的工作（图 25）。

最初，基林测量了南极和夏威夷冒纳罗亚山上空的二氧化碳含量，但从 20 世纪 60 年代开始，只有冒纳罗亚的读数被添加到曲线上。图中显示，北半球的大量植被的光合作用对二氧化碳有季节性影响，在夏天，植物的光合作

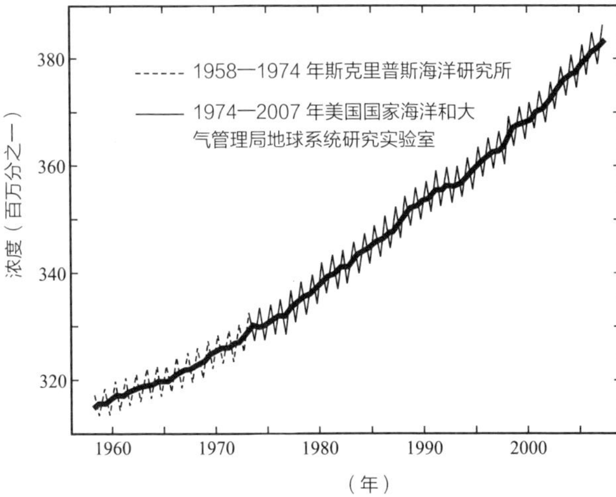

图 25 基林曲线

用会将该气体从大气中移去。这幅图是气候变化辩论的基石，因为它明确地指出了大气中二氧化碳含量的迅速增加。

古气候（过去）

预测未来某事物将如何变化的最好方法，是看它在过去如何变化。有一些技术能帮助我们探索过去的气候。

地层序列——新的冰雪层、湖泊和深海的沉积物会覆盖在更古老的地层之上，困住古老地层中包含的物质。这些被固定的物质包括矿物、植物，以及动物的骨骼（更确切地说，外骨骼和内骨骼都有）。最可靠的记录来自冰芯、湖床和深海平原。

氧同位素——^{16}O和^{18}O（氧的两种同位素）根据气候的变化而有不同的平衡。因此，如果你能从冰芯的空气气泡中提取氧气，测量两者之间的平衡，便可以推断当时的气候。如果没有这种技术，在格陵兰岛和南极洲钻的洞就会少很多了。

放射性定年法——这种方法通常被称为放射性碳定年。同一元素的同位素以已知的速度衰变。因此，通过从特定深度取到的样本中的同位素的比率，就可以算出物质沉积时的年代。这一方法可利用^{12}C、^{13}C、^{14}C（碳的三种同位素）定位到距今10万年[①]的样本，用氪和氩定位到距今50万年，用铀定位到距今35万年。

古地磁学——它被用于测定极大规模的地壳运动的年代（见构造学及图26）。

① 在放射性定年法中，原点年为1950年，即距今10万年（100 000BP），意指比公元1950年早10万年的时间。——译者注

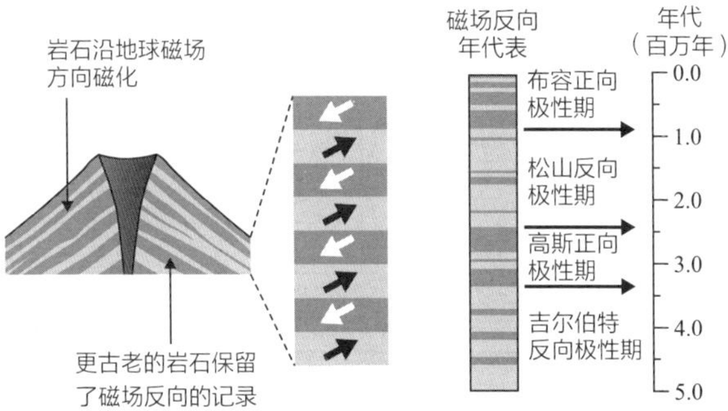

图 26　古地磁学记录

东方站冰芯记录

图 27 最早于 1999 年发表，这可能是气候变化这个主题里最有名的图表，展示了从南极洲表面向下钻 2.2 英里的冰芯数据。它展示的时间跨度超过 40 万年，使我们得以清晰地看到全世界的气候是如何变动的，那时我们尚未开始开车、坐飞机，还没有被罪恶感打垮。很明显，这段气候变化的历史需要除了人类活动之外的原因来解释。

影响气候变化的因素

东方站冰芯展示了全球气候的自然振荡，这种自然变化有成千上万种的可能的解释。

在研究地球本身之前，我们也许需要先了解一下天空

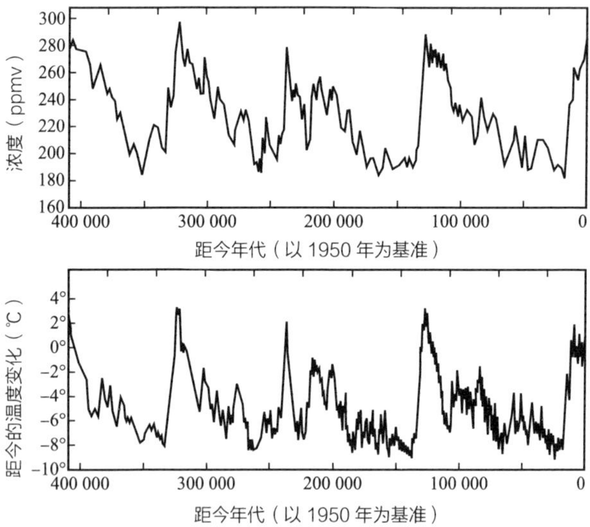

图 27 来自东方站冰芯（Vostok ice core）的数据

中的巨大能量源（太阳），以及我们是如何被它影响的。毕竟，如果你在客厅里觉得热，就会把热源调小，如果你觉得冷，则会离热源更近一些，是吧？

米兰科维奇循环

米卢廷·米兰科维奇（Milutin Milankovitch）是一位塞尔维亚数学家和土木工程师，他对解应用题感兴趣。他计算出我们与太阳的关系不是一成不变的。他发现有三个循环能够概括我们与太阳之间关系的特征，而这些循环进一步影响我们的星球所能留住的有效的太阳能总量。你可以这样想，如果全球变暖与我们的大气层阻止能量向宇宙泄漏的量有关，那么米兰科维奇循环讨论的就是首先有多少能量留在地球上。这三个循环和它们对地球温度的影响之间的关系不是那么简单的，但这关系着地球季节性接收的能量，也与北半球和南半球的差异有关。

三个循环

偏心率（轨道形状）——每 10 万年地球绕太阳运行的轨道会从圆变成椭圆。你可能对此并不在意，但这个现象是由木星和土星的吸引造成的（还记得“大型物体更有吸引力”吧）。地球的轨迹越圆，就越能持续地在四季获得能量，反之亦然。

转轴倾角——每 4.1 万年，地球自转角度从 21.5 度变化到 24.5 度，再回到 21.5 度。这改变了一年中不同时间阳光照射在地球上的入射角。因此在 4.1 万年间，光反射和吸收的量都有变化。

岁差——岁差的时间尺度最短。每 2.3 万年，连接地球北极和南极的假想的轴会画一个圆形。和前面一样，在这个循环中，有时地球释放的能量比吸收的更多，有时则更少。

目前只有岁差有利于冰川作用，转轴倾角和偏心率都不利于冰川作用。这三个循环以及它们自身最大值和最小值的影响，叠加在一起对地球施加影响。你可能已经把物理课的知识抛在脑后了，但是记住，当波相遇的时候，它们就会相互干扰，而当三道波相遇的时候，结果可能是十分混乱的。

米兰科维奇循环和冰川期

图 28 显示了三个循环以及它们重叠的结果——太阳强迫。你或许没有注意到最下方两个曲线图的关联。如果你什么都没发现，那么很好——你是一位天生的全球变暖的信徒。然而，如果你确实看出了关联，别轻易告诉别人，因为你表现出了气候异端分子的早期症状。

太阳变化

你现在应该了解了，把一个单一的因素孤立出来作为气候变化的原因，就好像把输掉一场足球比赛全归咎于一位球员一样。此外，即使太阳本身都是很不可靠的。太阳有一个 11 年的循环，导致到达地球大气层的能量的变化幅

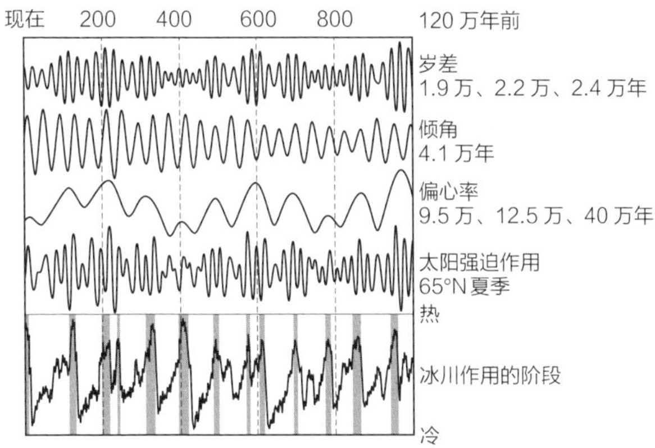

图 28 米兰科维奇循环的合成波

度高达 0.1%。人们认为这可能是造成 1 400 年到 1 700 年的小冰期的一个重要的原因，但它的影响可能被近代温室气体成分的变化掩盖了。

影响气候变化的其他自然因素的简介

我们讨论完进入大气层并被留下的能量的变化问题之后，还有其他的机制可以分离吗？本书用较少的篇幅讨论了以下这些因素，仅仅因为我们不得不削减内容的长度。它们的全部或部分应当是同样重要的。

火山——如果告诉你 1991 年的皮纳图博火山喷发能使

北半球的温度在之后两年都下降 0.5 摄氏度，那么你就明白火山在气候变化中发挥的作用了。人们认为，超级火山或VEI 8 的“超级喷发”的威力就已经足以形成短暂的冰期了。关于这类事件的规模的证据来自臭名昭著的印度德干暗色岩地区。火山把岩石和烟尘碎片喷射到空中，增加阳光后向散射的量，从而使气候变冷。此外，火山排放出大量的硫，从而改变了温室效应以降低温度。目前，有人为减缓全球变暖提出的一种方法是用各种方式向大气中添加更多的硫，但在我看来这是一个很奇怪的建议。

大陆漂移——表面上看你站在地面上，其实，你正站在一块不仅旋转着而且在球体上移动的岩石上。你需要 23 小时 56 分 4.004 秒来完成一次环球“旅行”。每 365 天欧洲和美国的距离就增加约 30 毫米。大陆的相对位置的变化和相应产生的山峰高度的变化都会影响气候。我们不必屏住呼吸等待这些过程突然逆转当前的气候变暖趋势，但因为它扰乱了海洋和风在世界各地进行的能量转移，我们还是需要把板块运动这个因素加入考虑范围。

不要提到臭氧洞！

全球变暖可能是当前全球共同担忧的环境问题，但在这之前，是臭氧洞。1985 年，英国南极调查局（BAS）成员发现了臭氧层上的空洞，1987 年《蒙特利尔议定书》（The Montreal Protocol）正式执行，禁止排放有害的氯氟烃气体。这种停止氯氟烃的生产的快速反应，是气候变化政策的制定者们的典范。平流层的臭氧水平预计将在 2068 年恢复到 1980 年以前的水平。那么，为何这个统一的政治观点卓有成效的案例没能成为全球变暖议题的蓝图呢？因为，在南极洲没有国家，而气候变化的影响则是许多国家共同感受到的。

臭氧洞和全球变暖之间有联系吗？

这个问题和“在这个世界上有多少个国家？”不相上下，绝对是一个宴会聊天的焦点话题。

- 如果二氧化碳是罪魁祸首，那么更温暖的低层大气（对流层）将会导致更冷的高层大气（平流层），这将扩大臭氧层的空洞。
- 在变冷和变暖之间的争论中，总的来说，增加的臭氧损耗会导致更冷的低层大气（另一个负反馈循环）。
- 能造成臭氧损耗的温室气体对全球变暖增值的贡献，估计占全部温室气体影响的 14%。

说了这么多，我会尽量保持把这两个问题分开讨论，因为它们混在一起只会导致一些学生的重大误解："……臭氧层上的洞可以让更多的阳光进来，从而导致全球变暖……"

《京都议定书》

《京都议定书》（The Kyoto Protocol）于1997年12月提出，2005年2月最终被签订，是全球第一次也是到目前为止唯一的阻止碳排放的尝试。根据1990年的排放水平，大部分欧盟国家已经达到减排目标，而无须参与碳交易。

社会

世界人口 / 聚落 / 产业和能源 / 旅游业 / 发展

世界人口

*

早在20世纪，人们就对人口增长给世界及其资源带来的影响感到十分担忧。我们的资源能供养地球上的所有人吗？大饥荒和环境灾难是否表明已经超出了地球的承载能力？富裕的西方国家会被迫放弃一些物质财富来帮助那些贫穷的国家吗？21世纪的今天，这些情况改变了吗？

世界人口的增长

就好像培养皿中细菌的数量一样，世界人口自工业革命以来（以）近指数级的速度增长。正如图29显示，预计

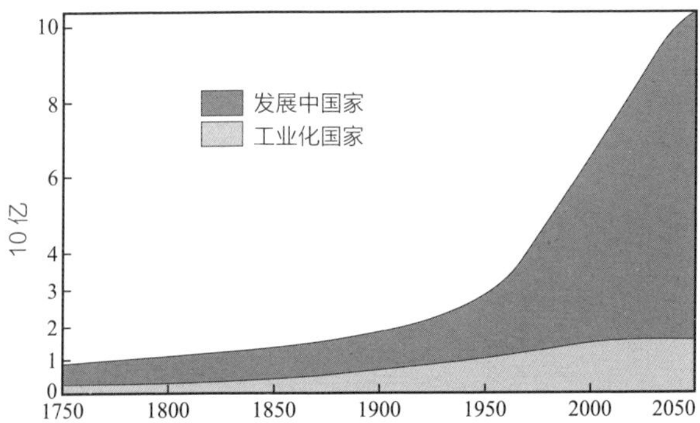

图 29 联合国全球人口估计

在世界上的发展中国家，这种增长将持续下去。上过地理课的读者们对这幅图应该都不陌生，但事实仍然如此吗？指数型人口增长依旧在继续吗？联合国似乎认为全球人口的增长阶段会在 2075 年结束，无论是指数级的还是算数级的，都是如此。根据联合国的估算，届时世界人口大约将达到 92.2 亿。

托马斯·马尔萨斯

托马斯·马尔萨斯（Thomas Malthus，1766—1834）是一位从经济学家转行的牧师，毕业于剑桥大学。他的观点自 19 世纪初起就影响了经济地理学。他的经典著作《人口原理》（*An Essay on the Principles of Population*，1798 年至

1826年共6个版本）仍然是那些相信“我们都完蛋了！”的悲观主义思想的奠基石。简单来说，马尔萨斯认为人口增长将超过食品供应，从而进一步导致“积极性”和“预防性”的抑制手段。前者包括饥饿、疾病和战争，这些手段激进而“有效”；而后者则包括避孕、流产、独身和卖淫。如果人类没能阻止人口需求超出资源支撑能力的那一天到来，那么结果将是灾难性的人口崩溃。

埃斯特·博塞拉普

1965年，与悲观的马尔萨斯形成对比的乐观的经济学家和人口学家们，迎来了他们阵营的旗手。这个阵营长期以来一直认为人类有能力抵御所谓的马尔萨斯灾难。这位旗手并不一般，她是丹麦农学家埃斯特·博塞拉普（Ester Boserup，1910—1999）。她在联合国工作的时候，创作了一部标题冗长的著作——《农业增长的条件：人口压力下农业演变的经济学》（*Conditions of Agricultural Growth: The Economics of Agrarian Change under Population Pressure*）。她的理论之所以被认为是针对马尔萨斯理论进行辩论的基础，是因为她的研究表明，未来根本不用担心人类会在食物匮乏的时候变成食人族，当人类开始看到食品贮藏室里的空架子时，他们就会通过创新来重新填充它们（图 30）。简而言之："需求是发明之母"。

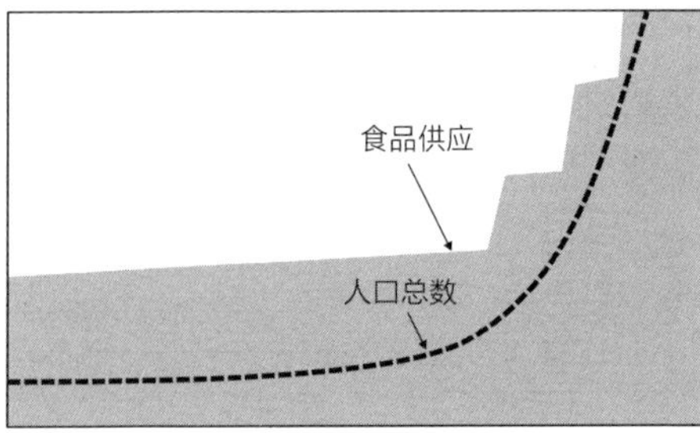

图 30　博塞拉普的曲线

绿色革命

绿色革命是博塞拉普式阵营的代表。它指的是，低收入国家由于应用来自其他国家的农业技术，粮食产量得以大幅增加。尽管这个过程自第二次世界大战结束之后就开始了，"绿色革命"一词在 1968 年才被首次使用。比如，墨西哥政府就从洛克菲勒等基金会获得经济援助，试图减少食品进口并实现粮食自给自足。

墨西哥项目的缔造者是获得诺贝尔和平奖的美国农学家诺曼·博洛格（Norman Borlaug）。他还帮助过印度政府，并协助设立位于菲律宾的国际水稻研究所，培育出了一种单株产量更高的水稻品种IR8。IR8 彻底改变了水稻的种植方式。尽管世界各地使用着不同的种子型，但IR8 仍然是绿色革命的代名词。批评者说，它对那些可以负担得起庄稼所需的化肥和农药的农民更有利，同时会损害当地那些在生存线上挣扎的农民的利益。

转基因作物

转基因食品的问题颇具争议性，但转基因食品同时具有增加世界粮食供应的潜力。转基因食品在本质上是被人为修改过基因的生物，而不仅仅是像IR8 那样的异花授粉的成果。世界上第一种转基因作物是番茄，有个颇为男性化的名字“FlavrSavr”（意为“口味拯救者”）。美国食品药品监督管理局（FDA）在 1994 年批准其上市。人们仍然非常担心，让大量转基因生物进入世界将会有不可预见的副作用。

新马尔萨斯主义者

保罗·埃利希

保罗·埃利希（Paul Ehrlich）的开创性著作是《人口爆炸》（*The Population Bomb*，1968）。尽管他最近的作品让他脱离了那些本质上属于环境灾难论者或末日论者的学派，但他仍然是最经常被提及的新马尔萨斯主义者。埃利希提出，从20世纪60年代开始时不时占据新闻头条的饥荒、内战和环境灾难，都反映出了人类最根本的危机。在20世纪60年代，人们对亚洲迅速攀升的人口感到十分担忧，印度和中国是其中最明显的例子。埃利希是一位博学多才的地理学家：他受到过动物学专业的训练，并将自己的精力投入到这一领域以及有关人类与环境关系的研究中。

他和妻子安妮·埃利希（Anne Ehrlich）一起，以哈佛大学人口学教授的身份继续着广义上的“环境运动”，不断拷问人们的良心。正如他和安妮在《再论人口爆炸》（*Population Bonub Revisited*，2009）中所写的那样：“《人口爆炸》帮助发起了一场持续到今天的世界范围的辩论。它让数以百万计的人认识到一个根本问题——地球维持人类文明的能力是有限的。”

罗马俱乐部

“罗马俱乐部”（The Club of Rome）是一个由工业家、外交官和科学家组成的国际智库，成立于1968年。在他们首次试图通过科学解决问题的尝试中，该智库委托梅多斯

（Meadows）等人撰写了一份报告。他们对世界人口的情况进行了计算机模拟，试图探究如果资源利用率、污染情况、人口增长率和其他关键指标像人们监测到的那样持续变化，未来的世界人口会怎样变化。他们发表的报告《增长的极限》（*The Limits to Growth*，1972）给灾难论马尔萨斯主义者带来了新的希望，它预测人口过多对环境造成影响将会导致大规模的人口下降。时至今日，这个组织依旧存在，并把全球变暖作为人类挑战自身或者那些难以接受的风险的关键战场。

反对马尔萨斯人口论的经济学家们

在博塞拉普举起她的旗帜不久之后，许多知名的经济学家和未来学家也加入了辩论。（你能想象把未来学家放在你的护照上“职业”那一栏吗？）

朱利安·西蒙

朱利安·西蒙（Julian Simon，1932—1998）在许多方面都是保罗·埃利希和安妮·埃利希的主要对手。1981 年，西蒙创作了重要作品《终极资源》（*The Ultimate Resource*）来表明他自己的看法，即在人口–资源辩论中一方的观点被当作事实过多地展示，而不是作为更广泛的讨论中的一部分。

西蒙提出，在资源匮乏的时候，最大的经济收益可能来自于创新和替代性的新资源，这样企业家就可以填补这个危险的缺口，要么找到更多的资源，要么生产替代品。

打赌

朱利安·西蒙曾与保罗·埃利希打了一个简单的赌：选择5种金属放在一个篮子里，它们的总价格在10年内不会上涨。尽管埃利希不想冒着给这个被他蔑称为“二手车推销员”的男人过多关注的风险去接受这个赌注，他还是选择了五种金属：铜、铬、镍、钨和锡。结果，这些金属的价格相对而言都没有增长——也就是说它们并没有产生匮乏。西蒙赢了这场赌约。不过，西蒙的怀疑态度为他带来了一些严肃的追随者，环境灾难论者继续占据着媒体头条。

比约恩·隆伯格

比约恩·隆伯格（Bjørn Lomborg）在一本杂志上读到朱利安·西蒙的人物故事后深受启发，写出了《多疑的环境保护论者》(*The Skeptical Environmentalist*)。在这本书中，隆伯格提倡更加明智地认识人类面临的首要任务。甲之蜜糖，乙之砒霜，隆伯格常常出现在有关气候变化的辩论中，因为他对全球变暖的原因和缓解方式有着更谨慎的观点。他的根本观点是，与其相信我们能够阻止所有末日论者预测的糟糕结果的发生，还不如提倡创新，以新的方式来适应各种地球的“疾病”。

人口分布

世界上人口密度最大的地方在哪里？这是一个值得简短回答的古老问题。如果你想知道答案，这里有一个清单（表 14）。

表 14 世界上人口密度较高的国家/地区

国家或地区	人口密度（人/平方千米）*
澳门（中国）	18 534
摩纳哥	16 923
新加坡	7 023
香港（中国）	6 349
直布罗陀（英国）	4 559
梵蒂冈城国	1 877
马耳他	1 309
百慕大（英国）	1 226

（续表）

国家或地区	人口密度（人/平方千米）*
孟加拉国	1 127
巴林	1 099

* 不同时期与统计机构的统计数据略有差异，此处数据与原书保持一致。

如果你真的很想找到人口密度的极端数字，你需要到一些大城市的最拥挤的地区去。和电影里不同，许多城市的边缘并不会挂着“市区范围”这样的牌子。此外，很多城市的人口都是流动的，这是由于每天的通勤，还有持续的来访和离开。因此，任何以人口划分的城市清单都随时会遭到挑战（表 15）。

表 15 全球一些城市的人口密度

城市	国家	人口密度（人/平方千米）*
孟买	印度	29 650
加尔各答	印度	23 900
卡拉奇	巴基斯坦	18 900
拉各斯	尼日利亚	18 150
仁川/首尔	韩国	16 700
金奈	印度	14 350
波哥大	哥伦比亚	13 500

* 不同时期与不同机构的统计数据略有差异，此处数据与原书保持一致。

人口转变

所有的国家都会经历出生率和死亡率的变化，但只有一种人口转变模式（DTM，图 31）。

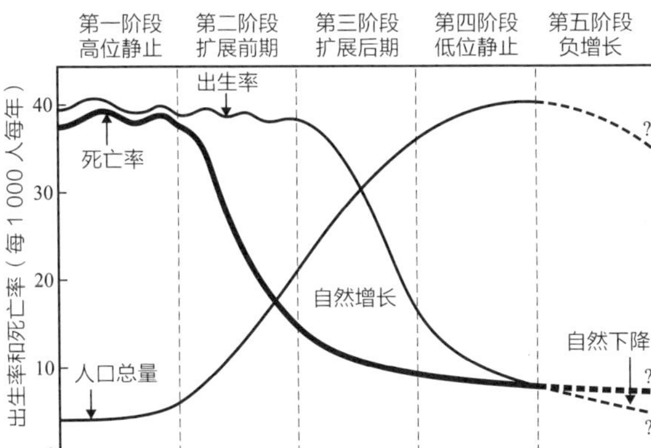

图 31 人口转变模式

DTM 模型

1929 年，沃伦·汤普森（Warren Thompson）制作了这幅图，当然随之而来的还有成百上千道关于它的考试题。第一阶段现在只能在亚马孙流域和东南亚的非常偏远地区生活的少数民族群体中看到。从历史上看，这一时期出现在农业及工业革命之前。彼时在欧洲，时势艰难，很多国家都是封建制的，死亡率很高，这意味着有很多人寻欢作乐以获得更多继承人，因此出生率也很高。这就是中世纪（5—16世纪）——疾病、作物歉收和糟糕的卫生环境。

中世纪与意大利文艺复兴时期（13—16世纪）之后，时间来到启蒙运动时代（第二阶段），创新和发明带来了许多变化。在英国最经常被引用的例子是条播机，由杰思罗·塔尔（Jethro Tull）发明（更确切地说，塔尔改进了很久之前就被申请了专利的设备）。这和其他相对更直接的创新产生了相当大的影响。渐渐地，农业发展，作物产量上升，公共卫生的提升也增加了获得清洁水的途径。因此，死亡率开始下降。但是，文化惯性造成一定滞后，人们需要一段时间才能注意到街道上出现了大量的儿童，人们的习惯开始改变，宗教信仰被重新审视。

到了第三阶段时，已有足够的创新和改变，出生率随着工业化对社会的影响开始降低。全球各地越发复杂的工业城市出现了管道工程、抗菌药品，社会上女性平权运动开始萌芽。

让时间快进到现在，那些率先发生人口转变的国家已经进入了第五阶段。当汤普森提出他的模型时，他可能没有预见到这一变化。现在的挑战是预测接下来会发生什么。

第五阶段和人类的衰落

这一部分是从马尔萨斯和博塞拉普的经典辩论开始的。马尔萨斯预言的灾难和博塞拉普发现的创新都与人口的持续扩张相矛盾。那么，第五阶段向我们表明，我们可能有一个更大的问题要处理，那就是人口不足。如果没有足够多的人去工作或从事贸易，那么我们将何去何从？当一个国家的出生率低于死亡率时，将会出现人口的负增长。

总生育率

如果一个国家的女人在她的一生中平均有2.11个孩子，并且迁移率是零，那么这个国家的人口数量将保持稳定。如果我们看看世界上总生育率（TFR）低于2.11（对欠发达国家则为2.30）——所谓的替代率——的国家的数量，就会知道将发生什么。你可能需要暂时忘记海平面上升，想想另一个大灾难。

据估计，目前世界上有几乎一半的国家人口都低于替代率。当然，如果全球化的大“玩家”继续向欠发达国家迁移他们的产业，那么这些欠发达国家就会迅速地工业化，出生率随之降低。这意味着，到2050年世界人口将会开始减少（表16），据估计届时海平面将上升30厘米。所以，正当土地减少的时候，地球人口也在减少。当然，海平面改变仅仅是气候变化的局部后果，但在全球尺度上，人类系统自然地减少了海平面变化可能带来的问题。有人可能会说，这将是一个马尔萨斯主义者所说的“预防性手段”。当你开始把地球面临的千万种问题放在一起考虑时，你就会开始理解隆伯格教授的急切呼吁了——考虑人类面对的整体情况，而不是单独考虑气候变化。

表 16　全球总生育率的变化

全球总生育率	1965	2002	2009	2030	2050
全球 TFR*	5.0	2.8	2.55	2.1（估计）	2.0（估计）

* 数据来自联合国，data.un.org

詹姆斯·洛夫洛克

作为用整体方法解决全球问题的元老，詹姆斯·洛夫洛克（James Lovelock，1919—　）对我们应该如何构建人与环境之间的关系这一问题做出了很大的贡献。1972 年，他在为美国国家航空航天局（NASA）工作时，首次提出了“盖亚假说”。从本质上讲，他和他的支持者们提出了一个观点，即世界应该被看作一个单一的、复杂的实体，它能够自动调节以达到稳定，因此可以自我修复。这一观点中灾变论方向的观点是，人类和他们的行为已经使得盖亚超出其调节和支持自身的能力，有一个不可避免的崩溃的时刻即将到来。现在这个理论被许多领域的科学家们严厉批评，包括理查德·道金斯（Richard Dawkins）和斯蒂芬·杰伊·古尔德（Stephen Jay Gould）。

人口金字塔

严格地说，对人口结构的分析可以通过将数据细分为任意子群体来完成，包括性别、种族、智力等分类标准。对大多数人来说人口结构的研究就意味着一件事，即人口金字塔（图 32）。如果要给它正确命名，应当叫作年龄–性别关系图。

一个国家的人口被按性别和 5 岁间隔年龄群组划分。图 32 的左侧是底部很宽的扩张型人口金字塔，标志着出生率较高的国家（DTM 的第二或第三阶段）。中间是一个具有较窄金字塔形状的模型，但它仍有足够的基数来保持连年的人口增长（从第三阶段进入第四阶段）。右边是一个需要移民劳动力的国家的人口金字塔模型，因为其人口正在衰减（第五阶段）。扩张型金字塔之所以叫这个名字，就是因为它底部的膨胀会随时间沿塔身向上活动，从而产生人口扩张。人口金字塔会显示以下情况：

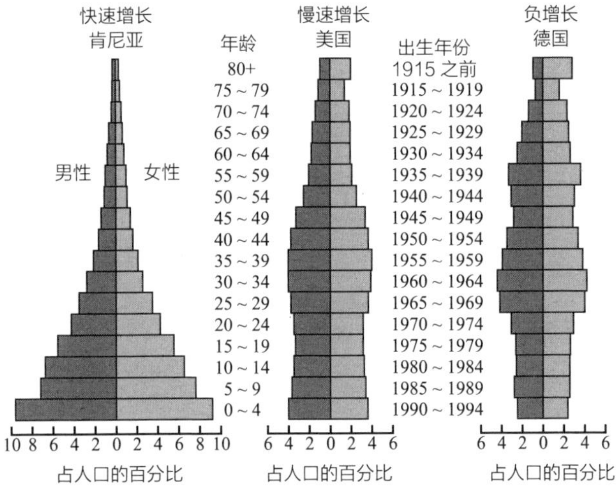

图32　经典的人口金字塔

大量移民迁出——年轻人（20~35岁）的移民迁出被称为“人才流失”。这可能会出现在国家尺度上，比如波兰目前的人口金字塔就是如此。同时，低收入国家的农村地区也会出现类似的现象。通常情况下统计是有偏见的，所以年轻男性的工作群体常常未被充分代表。然而，对菲律宾而言，大量移民出国的年轻女保姆也影响着金字塔的形状。

战争的影响——这既导致了青年群体的减少，也导致了底部人口的暂时减少。战争的影响也可以在战后婴儿潮中被观察到——渐渐沿金字塔上升的骤增部分是由于重大冲突后的出生率快速恢复而产生的。

重大的社会和文化变革——这是一种短暂的出生率的增加，其原因包括财富增长，“二战”后的婴儿潮一代在 20 世纪 60 年代步入成熟期，以及自由主义增强的社会背景。

经济移民的迁入——这类移民通常年龄在 25~35 岁之间，可能有孩子。在人口金字塔中，这种骤增部分可能保持在同一个地方，因为通常移民会回到祖国，并被同龄的新移民取代。

总抚养比

下面这个公式可以解释为什么许多富裕国家产生越来越多人口老龄化的问题，并且需要公共服务去支持他们的需求。

$$\text{总抚养比} = \frac{\text{受抚养（赡养）者数量}}{\text{劳动力数量}} \times 100\%$$

如果你年过 65 岁，那么你就会被视作受赡养者。如果你在你的祖父母家生活，并且你的年龄小于 16 岁，那么你也可能是受抚养者。其他年龄段都属于分母的群体。只要失业率没有达到一个显著水平，那么这个分数的分母便能支撑上面的分子。

显然，在人口不断老龄化（我们曾称之为衰老人群，现在称呼已改变）的国家，总抚养比将会很高。总抚养比超过 1 意味着有较多的人在依赖较少的人来提供服务。从养老金到医院床位，这个简单的公式是很多困难的政治问题的关键所在。以下是在当代的政治和媒体中占重要位置的一些问题，这些问题直接关系到总抚养比：

迁移——劳动力进入一个国家会补充公式的分母，帮助平衡抚养比。

私人养老金和储蓄——这意味着虽然比率不改变，但受抚养者的实际生活要比预计的好，因为这些资金能够补充政府养老金。

领取养老金的年龄——当然，有一种可以控制局面的方法，就是把人们从公式的分子移到分母。由于大多数国家都有法律禁止 16 岁以下的青少年工作，我们只能转移老年群体。在欧盟国家，标准退休年龄是 65 岁，但把它提高到 67 岁，有相当大的压力。在美国，对于 1960 年之后出生的人来说，退休年龄已经是 67 岁。然而，俄罗斯的情况非常严峻，死亡率非常高[①]，人口也在减少。虽然俄罗斯男性

① 俄罗斯每年减少 0.467% 的人口。根据美国中央情报局《世界各国概况》的数据，按人口增长排序，俄罗斯在全部 233 个国家及地区中排第 224 名。

的退休年龄是60岁，女性是55岁，但在现实中，如果可能的话，即使超龄人们仍会想办法继续工作。

迁移

解释完人口金字塔，人口迁移的问题就自然而然地出现了。这或许是一个棘手的话题，但对接收移民的国家而言迁移的好处显而易见。对于一些国家来说，人口迁移甚至是必需的。谈到迁移，仍然离不开各种模型和分类。

被迫迁移——因宗教、政治或其他信仰遭迫害，或出于性别或性取向的原因，都可能迫使一个人成为难民。根据联合国公约，任何难民都有权在外国申请庇护。“寻求庇护者”是指那些尚未申请避难的流离失所者，因此，这样的人不属于难民，或尚未成为难民。目前，有越来越多的环境难民（例如地震的受害者），但自2007年以来，联合国更倾向于使用“环境移民”这一术语。此外，被迫从一个地方迁移到另一个地方但不跨越国界的人被称为“境内流离失所者”。

自愿迁移——所有自愿迁移都可能在不同的时间尺度上发生变化，比如，通勤就是一个流动和距离的例子。

引力模型

借鉴牛顿（Newton）的引力理论，预期的现象是，大的聚居地比小的更能吸引移民。另外，聚居地的吸引力会和地球的引力一样以指数级衰减。“大型物体更有吸引力”的理论是这类模型的原理的类比，不过在21世纪这些模型的价值有限。

李的地方效用模型

1967年，埃弗里特·S. 李（Everett S. Lee）提出了一种观点，即每一位自愿移民都是自主作出决定的。李认为，在迁移之前，你都会下意识或有意识地评估你现在的位置和你想去的地方。你会创建一个清单，列出每个地方的收益和成本，如果你将要去的地方的最终得分更高（地方效用），你就会迁移。李表示，这只在没有障碍——比如语言、签证或财务问题——的情况下才会发生。在有障碍的情况下，移民很可能会去一个中转的目的地。

聚落

*

自从人文地理学发展到包容更广的范围后，地理学家不得不划分出若干子学科，至此，关于人类聚落的研究成为人文地理学的基石。说到这里，最后一位真正能够提供完整的综合学科知识的伟大地理学家就是保罗·维达尔·白兰士（Paul Videl de la Blache，1845—1918）。1923年，他的著作《人文地理学原理》（*Principes de Géographie Humaine*）在他死后出版。在他之后，这个宽泛的领域内的研究数量大幅增长，单凭一个人已无法整合。聚落研究且已成为地理学中的一个分支。当然，在城市化迅速发展的今天，低收入国家要考虑现代移民趋势对农村聚落的影响，高收入国家则要注意逆城市化现象，聚落研究仍然是一个活跃的地理调查领域。

保罗·维达尔·白兰士

保罗·维达尔·白兰士创立了一个最独特的国家地理学派。法国地理学派之所以引人注目，是因为它着眼于区域地理学而不是过程地理学。本章将进行这两个学派之间的对比，我们会介绍德国学派的工作和它的一些关键人物，如韦伯（Weber）和克里斯塔勒（Christaller）。1891年，维达尔·白兰士和吕西安·加卢瓦（Lucien Gallois）一起创立了《地理年鉴》(*Annales de Géographie*)，这一学术期刊重点关注人类及其在当地环境中的行为的整体。

地点和位置

研究影响聚落的位置以及聚落的发展和衰落的因素十分关键，所以我们从这里开始讲起。地点与当地因素有关，如架桥点或者天然泉，而位置则涉及聚落之间的关系。最简单的记忆方法是地点的英文单词（site）比位置（situation）要短，因此地点描述的是更小规模的因素。

聚落形态

无论是最初使用的地图，还是后来向航空摄影发展，直到现在地理信息系统的出现，聚落形态（聚落的形状）都是一个关键的主题。聚落可以按照它们的形状以不同方式分为几大类。分布最广的类别是：

带状聚落——村庄沿一条线形成，比如沿河流阶地或者河流本身，也常常在交通路线附近出现。

团状聚落——这类聚落或许有一个中央焦点，比如水井、绿地或十字路口，或是“三圃制”的结果（该系统指的是多个三角形耕地以聚落为中心，如此一来公民不仅可以在每块耕地上都分到条状的土地，还能最有效地利用每条土地）。当然，在封建制的英国，封建主也注意到，这样的团状聚落的人口也正好方便他们招募军队，或者征收什一税（谷物收成或赚取的钱财的十分之一需要上交）。

乡村聚落何时变为城市?

在过去，城市和乡村聚落的界限是很容易划分的：城市里有工厂以及配备防暴装备的警察，而乡村里有拖拉机和骑自行车的执法人员。不过，汽车的出现改变了一切。交通往返变得更加便捷，更多的人甚至能够在乡下买第二套房。现在，乡村居民可以在城镇的边缘与城市的商业区购物，城市居民可以在周末出城采购。世界已经大为不同了。

最初的聚落

在末次冰期最后出现的新石器革命，是寻找人类聚落最好的起始点。在距今大约10 000年前，气候变化给世界带来了生机，植物栽培和动物驯化也开始了。在尼罗河谷较低洼的地方、印度河河谷和新月沃土（位于现在伊拉克的底格里斯河和幼发拉底河之间），我们发现了第一个聚落出现的证据。这些具有田园风情的农业地区有着温暖的气候、充沛的河水和肥沃的冲积土，随着农业产量的增加，人们似乎能够从事非农业的活动了。这也意味着，需要四处游荡寻找食物的狩猎采集时代结束，取而代之的将是充满比萨外卖的现代世界。从山羊、狗和小麦开始，城市化的整个过程就此拉开序幕。

城市化

从统计学上看，城市化这个词仅仅指的是一个国家住在城市地区的人口。在联合国对城市化的定义里，还加上了从乡村到城市的迁移这一概念。不管怎么看，这都是城市居民向乡村居民、城市向乡村的扩张。随之而来的是政治和经济重心的转变，不可避免地导致城市精英的独裁。2008年，全世界已有超过一半的人口住在城市里，全世界已经正式城市化。全球95%的人口居住在地球10%的土地上。这也难怪我们觉得拥挤。

什么时候是村落，而不是小村庄？

由于每个国家都对聚落大小有自己的定义，几乎不可能用当地的分类名称来进行国家间的比较。例如，丹麦的一个城镇可能只有250人，而在日本则需要30 000人聚居才能被称为城镇。

一般的盎格鲁–撒克逊聚落的层次结构是：

孤立的居住地——只有一两栋建筑，没有明确的聚落中心。

小村庄——人口在100以下的聚落，就算有一些社会服务运营也很少。

村庄——村庄有各种大小，可能是只有一家店铺的百人村，也可能是超过千人居住的大型村庄。

城镇——这类聚落同样是大小各异的，但城镇必须能够提供许多服务，最多有 10 万居民。

城市——这种聚落的人口规模变化很大，并且能够提供更高级的服务。

复合城市——当两个及以上的城市发展成为一个整体的城市实体时，便成为复合城市，它通常拥有数百万的人口。

大城市连绵区——法国地理学家让·戈特曼（Jean Gottman）第一次用这一术语来描述美国东部的海滨地区，他借用了刘易斯·芒福德（Lewis Mumford）1938 年的著作《城市文化》（*The Culture of Cities*）中的说法。这个词通常局限于指代经典的特大城市：

- 旧金山——美国西海岸
- 波士华地区——美国东海滨
- 东京—大阪—神户——超过一半的日本人口生活在这里，共计 1.27 亿人。

但是随着工业和城市的快速发展，越来越多的地区都开始争取这个头衔。虽然芒福德最初认为这个标签对聚落及其居民有负面的含义，但现在，它更像是一种带有民族自豪感的徽章。

克里斯塔勒和他的高效六边形

正如前文介绍的那样，维达尔·白兰士创立了系统的法国地理学派来研究人与环境之间的相互作用，德国学派则非常不同。通过在模型中限制自然条件的权重，德国学派得以研究造成各种现象的人为因素：阿尔弗雷德·韦伯（Alfred Weber，1868—1958）重点关注工业，约翰·海因里希·冯·杜能（Johann Heinrich von Thünen，1783—1850）则研究农业，然后就是克里斯塔勒。沃尔特·克里斯塔勒（Walter Christaller，1893—1969）仍然是聚落分布研究的“教父”。在对德国南部乡村聚落的布局和层次进行了研究后，克里斯塔勒提出了中心地理论。他的研究试图解释为什么有些聚落变得越来越重要，而另一些却没有。如图 33 所示，他借助六边形图形解释了他的理论。你可能还记得，曾经在地理课上被要求学会绘制这个六边形组成的图。

这个理论的本质在于，中心聚落将被证明是区域中能够最有效地利用全部消费者的地区。在图 33 中，每个中心地点都得到其周围次级聚落的 1/3 的消费者。

$$1/3 + 1/3 + 1/3 + 1/3 + 1/3 + 1/3 = 2$$

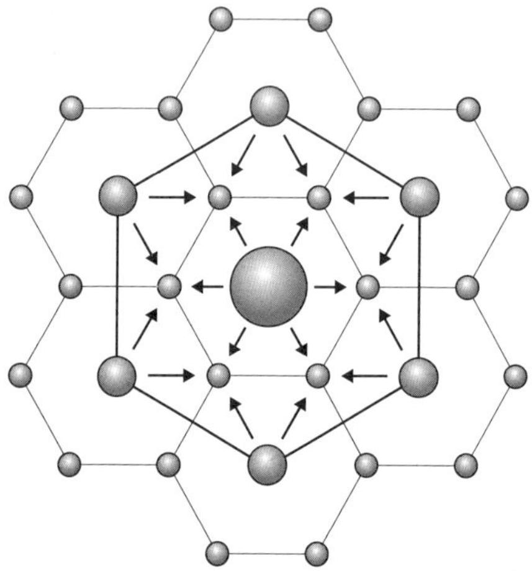

图 33　克里斯塔勒的 k = 3 网络

如果你再加上中心地点本身就有的消费者，便得到了 3。克里斯塔勒把这个叫作“k = 3 网络”，并且用它解释了为什么乡村地区的聚落必须要融入它们当地的层级。这是最有效的聚落排布，这样一来，消费者和卖家（在他的模型里主要是农民）就可以将他们的选择和市场规模最大化了。克里斯塔勒也提出了另外两个完整的模式：将运输距离最小化的“k = 4 网络”和确保影响没有重叠的“k = 7 网络”，而后者能达到有效管理的理想状态。

城市土地利用的模型

一旦城市开始经历工业发展和社会变迁的各个阶段，它们的形态就令规划者、政府人员和寻觅好学校的中产阶级颇感兴趣。三大模型中两个被研究得最多的模型都来自于芝加哥学派，并代表着社会生态学在城市研究中的应用。这些模型自 20 世纪上半叶起就有许多局限性，并不适用于像中国和巴西这样的新兴城市。但作为一个起点，它们仍然很重要。

E. W. 伯吉斯的同心圆

1925 年，社会学家E. W. 伯吉斯（E. W. Burgess）提出了他对不同群体在城市的分布区域的简化分析（图 34）。虽然仅基于美国城市（几乎完全基于对 4 个城市的观察，其中很大比例是芝加哥的情况），但该模型是大多数读者最为熟悉的。伯吉斯主要借助了竞租理论来构建他的模型。伯吉斯作为社会生态学家，借鉴植物生态学中的理论提出，按照不同的经济支付能力，不同的收入群体会在他们的经济能力能够承受的地区聚居。虽然这个理论对于那些知道伦敦或纽约居民住在哪里的人来说，似乎并不复杂，但把一个领域的理论应用到另一个领域绝对是伯吉斯的专利。

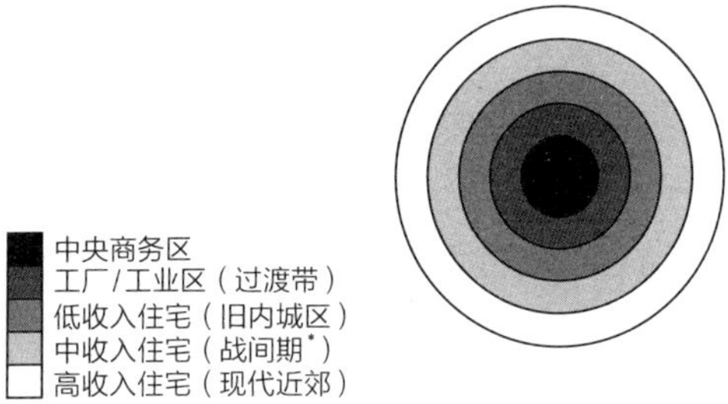

图 34　伯吉斯的同心圆

*战间期指从第一次世界大战结束到第二次世界大战爆发的这段时间。

霍默·霍伊特

1939 年，同样主要借助对芝加哥的观察，经济学家霍默·霍伊特（Homer Hoyt）稍微修改了伯吉斯模型。利用同样的竞价和获得最理想位置的原理，他绘制了一个城市的理论性增长模式（图 35）。例如，在巴黎和伦敦这样的城市，风景如画的河流穿过城市，会出现一个有额外价值的走廊地区，人们愿意在这里买河景房。霍伊特指出，那些有车一族拥有住得更远的能力，因此这一人群的增长也会沿着交通路线展开。霍伊特的理论常被最紧密地联系到种族群体和位置的相关性，并用于解释少数民族聚居区的形成。可以确定的是，当洪水越来越普遍时，将会有很多人出售自己的临水住宅，从而影响更多的城市变化。

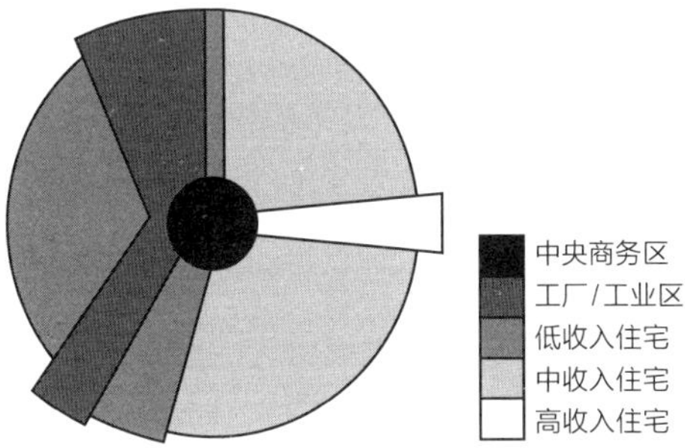

图 35　霍伊特的扇形模型

竞租理论

竞租理论就是伯吉斯模型背后复杂的科学基础。

图 36 显示了不同功能商户在租赁土地时的竞价能力，随土地距城市中心的距离而变化。在流行出城购物的时代来临之前，城镇的中心就是消费中心所在的地方。商铺必须位于公共汽车站和火车站附近，因为这些公共交通会带来大量购物的人群。请注意，许多经典模型都是在“邪恶”的汽车大肆影响我们的社会之前提出的。城镇的边缘会出现旧厂房和工业设施，工人们会住在附近。你赚的越多，你就越有能力逃离内城的臭气，并享受更多空间。自从汽车开始对人和道路施工者发挥影响以来，事情已经有了很大的变化。

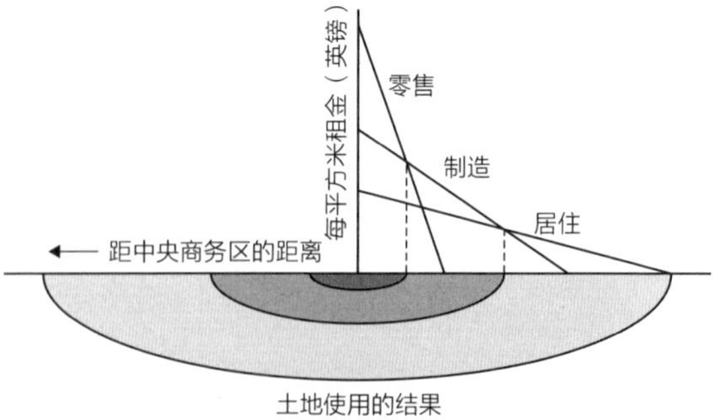

图 36　竞租理论

哈里斯和厄尔曼看到了未来……

到 1945 年，事情已经飞速发展。在昌西·哈里斯（Chauncy Harris）和爱德华·厄尔曼（Edward Ullman）的论文《城市的本质》（The Nature of Cities）中，他们展示了多核心理论，这个理论模型比之前的任何城市发展模型都更具前瞻性（图 37）。在这个模型中，汽车的使用改变了工作地点和住房的位置之间的关系，其结果是市郊商业区和高级住宅区的发展。哈里斯和厄尔曼研究了更广泛的城市案例，但仍然只包括了北美地区的城市。

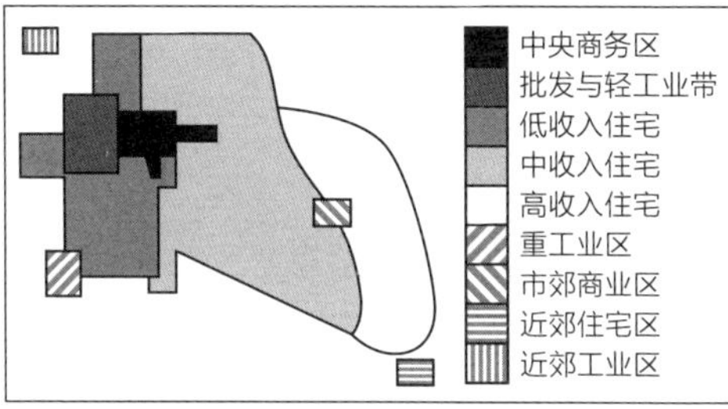

图 37 哈里斯和厄尔曼的模型

新城市主义

作为一项只有 30 年历史的运动，新城市主义寻求重新审视城市和它们运作的方式，让城市不再受汽车和竞租理论主宰，而是以可持续理念和居民的生活质量为驱动力发展。新城市主义聚集了建筑师、规划者、发展者、政客和学术界人士，它的影响正在扩大，并像一把雨伞，包容那些“直系会员”之外的人，比如杰米·勒纳（Jaime Lerner）。

杰米·勒纳和库里蒂巴

勒纳曾任巴西的巴拉那州的州长，他是依靠其在该州首府库里蒂巴市的业绩而获得声望的。作为一名城市规划者和建筑师，勒纳为库里蒂巴引进了一系列简单直接的计划，目的是改善城市运行方式，从而提高市民的生活质量。他首先关注的是交通。他重新组织并提高了服务的优先级，这样，更多的库里蒂巴居民就能够乘公交车而不是开自己的车。另外，他将购物区域设置成了步行区，并开创了一个家庭回收计划：通常在最贫穷的地区，人们能够用带到垃圾车去的回收物品交换食物。自此，勒纳一直在推广很多简单但有效的、能使城市可变得更好的方式。

世界级城市

世界级城市这一概念可以追溯到1915年。帕特里克·格迪斯（Patrick Geddes，1854—1932）在他的《进化中的城市》（*Cities in Evolution*）一书中使用了这个词，同时，他列出了一个他认为在全球范围内城市间相互联系水平最高的城市清单。通常，这些城市是超越国界的文化、政治和经济中心。1998年，全球化与世界级城市研究小组与网络（GaWC）发表了第一项关于这些地方的权威研究结果（表17）。

所以，有一个绝对的世界级城市清单吗？当然没有。毕竟，伦敦或者纽约这样的经济“发电厂”和悉尼纯粹的快乐生活哪里有可比性呢？

表 17 世界级城市一览

城市	GaWC排名（alpha++=1；alpha+=2；alpha=3）[1]	全球城市指数（2008 年美国杂志《外交政策》基于 25 个统计量度的结果）	全球城市实力指数（由 2009 年日本森纪念财团发布）	总人口（百万）[2]
纽约	1	1	1	3（22.3）
伦敦	1	2	2	29（8.6）
巴黎	2	3	3	22（10.5）
东京	2	4	4	1（34.7）[3]
香港	2	5	10	42（7.0）
新加坡市	2	7	5	65（4.5）
上海	2	20	21	14（14.7）
北京	2	12	26	18（12.8）
悉尼	2	16	14	81（3.7）
莫斯科	3	19	32	16（13.7）
首尔	3	9	12	7（19.7）
马德里	3	14	11	52（5.4）
米兰	3	39	29	68（4.3）
布鲁塞尔	3	13	18	200（1.7）
多伦多	3	10	15	50（5.4）
孟买	3	49	34	1（13.9）
布宜诺斯艾利斯	3	33	无	59（3.0）
吉隆坡	3	40	27	66（4.1）

1. GaWC将全球城市主要分为三个等级（alpha，beta与gamma），每个等级内部又会用加减号来标记级别。此外，还有“高度自足”与“自足”两个等级。——编者注

2. 包括每个聚落的城市场（中心城市的影响范围）的数据，便于国家间的对比。

3. 包括东京—横滨人口。

产业和能源

*

产业划分

在过去的数十年里，随着“第五产业”的出现，一场革命开始了。我相信在互联网和手机时代之前，我们只有 4 类产业。如果你还要再往前回溯，那就是三类。

克拉克模型

在克拉克–费希尔模型中，主要有三类产业——第一、第二和第三产业。这些产业随着国家发展而变化，更多的工作模式的出现是导致这种模型增加的原因。

第一产业——产品直接取自于自然的产业，包括农业和渔业等。

第二产业——对初级产品进行加工制作的产业，从为了啤酒口感而生产啤酒罐部件[①]（人类智慧高度的绝佳展示），到马尼拉组装电脑零件的工厂都属于这一产业。

第三产业——对于你我来说，第三产业就是服务行业。只要没有一种有形产品的产业都可以划入这个类别。从性工作者到足球吉祥物，这一类产业中包含广泛的道德与非道德的行业。

增加的第四产业对我们来说就是研究和发展部门。第五产业则划定为健康及某些教育和研究这样的服务行业。这就留下了智力活动——政府、文化、图书馆、科学研究、教育和信息通信技术。而其他所有非第一产业和非第二产业的行业被分到了第四或第三产业。

工业区位论

阿尔弗雷德·韦伯与冯·杜能以及克里斯塔勒齐名，是一名伟大的德国经济学家-地理学家，他使用数字建模来总

① 为了使啤酒口感更绵密，健力士啤酒公司（Guinness Beer）研发了一种球形塑料部件（widg）加入啤酒包装中。加入小球后，倒出的啤酒泡沫会更浓稠。——编者注

结其观察到的周遭事物。在微芯片和手机都还没出现的时代，韦伯就提出了原料指数。

韦伯的原料指数

在一个简化版的世界里，韦伯分析了一家有一个市场和两种原料的工厂。如果这家工厂的老板想要赚取最大的利润，那么他们就需要找到最低成本生产点（LCML）。如果该行业有两种重型的原料，韦伯预测，LCML将会离原料的原产地更近，以减少总体运输成本（这也解释了为什么早期英国钢铁制造业位于南威尔士和英格兰中部地区的煤田附近，而德国的钢铁制造业则由鲁尔区山谷的煤和铁矿床孕育）。在这些最初的原产地耗尽其原料后，进口的原材料反而更加便宜。这是由于超大型油轮船的尺寸不断增加。于是，沿海地区有了竞争优势。尽管韦伯当年面对的是一个完全不同的工业生产世界，但是他的模型稍作调整仍可以很容易地解释现代的变化。当某个行业的原料指数大于1时，也就是在生产过程中损失了重量，该行业就可以称为原料导向型。相反类型的行业是以市场为导向的，酿酒行业就是一个很好的例子。

发展中国家的产业

跨国公司的出现、运输成本的降低、国家政治的稳定、贸易集团的形成，以及海洋运输规模的增加，都促进了低收入国家各种产业的发展。传统的理论认为，第一和第二产业会首先搬到最低成本生产点，然而这种现象已经因为互联网的出现而不复存在了。有了网络，各种属于第三产业的行业，从机票销售到房屋贷款抵押，再到信用卡公司的客服服务，都可以被外包出去。印度已经在第三产业的外包业务领域遥遥领先了。此外，印度自己的跨国公司的增长也很迅速，其中以印度塔塔集团（Tata）为代表，该集团通过一系列收购，现在已经在全世界拥有众多知名工业品牌。

正规和非正规产业

正规的雇佣关系包括强有力的监管并赋予工人保护性权利，非正规的产业中并没有这些保障。尽管由于非正规产业的特点，其规模很难测量，但根据预测，近75%的非洲撒哈拉沙漠以南地区的工人在从事非正规产业的工作。在低收入国家的城市规划外的聚居地（贫民窟），有人估计这个数字几乎达到100%。对于政府来说，如何处理这个问题是两难：是应当冒着掀起社会暴动并降低许多人生活水平的风险来执行监管和税收，并将这些税收用于地区的长期发展，还是就干脆接受现实，为了参与其中的人们而不将雇佣关系正规化并为此放弃税收？当然，许多国家都因为不愿将它们的非正规产业正规化，在罗斯托式发展的道路上停滞不前。

能源

根据热力学第一定律，能量既不能被创造也不能被消灭。有两种基本的能源——存量和流量，通常被标记为不可再生和可再生能源。化石燃料是植物和动物的遗体在数百万年间被碾碎、挤压和加热的成果，是一种能量的生物储存形式。当化石燃料燃烧时，能量释放，被人们捕获并利用。无论是加热蒸汽产生的电能，或是通过汽车发动机的活塞杆转化而来的动能，能量利用的原理是一样的。当然，问题是我们快把这种能源的全球存量用光了。相比之下，地壳（地热）、海洋（潮汐、海浪及洋流）和大气（风和太阳）中都有能量，因为这些能量并非存量式资源，它们将不会枯竭。可再生能源的本质是利用流量式能量来减少对逐渐枯竭的化石燃料存量的依赖。鉴于此和各地燃料安全的考虑，世界各地都设立了许多目标来减少不可再生能源的使用，例如，欧盟的目标是到 2020 年，20% 的能源来自可再生能源。

旅游业

*

休闲、娱乐和旅游业

旅游业是世界上最大的产业。如果你想知道休闲和娱乐之间的区别，在这里可以告诉你其区别的关键在于你的活动：休闲包括任何不是工作的内容，而娱乐则意味着你在做某些事情。世界旅游组织将游客定义为“在通常的环境以外的地方停留超过24个小时，连续不超过一年，为休闲、商业和其他目的旅行并且不在访问地从事的活动中获得酬金的人”。

最热门的旅游城市

国际旅游业是出了名的善变，但是以下表格中的数字还是能给我们提供一些最常出现在榜单前十名位置上的热门城市（表 18）。

表 18 热门旅游城市

城市	访客数量（2007/2008 年数据）
巴黎	1 560 万
伦敦	1 480 万
曼谷	1 084 万
新加坡市	1 010 万
纽约	950 万
香港	794 万
伊斯坦布尔	705 万
迪拜	690 万
上海	666 万
罗马	612 万

旅游业的发展

自第二次世界大战结束以来，世界各地的旅游业都有着突飞猛进的发展（图 38）。一旦处于任何新文明社会顶层的人有了他人为其提供的食物和财富，他们就有了可以用来休闲的时间。回顾历史，印加人、玛雅人还有法老们肯定都指派别人帮他们照看宫殿，从而有时间来玩一轮常识智力问答。不过，真正懂得享乐的还要数罗马人和希腊人。众所周知，罗马人在城市周边更凉爽的小山里建起自己的行宫，挥霍大把大把的休闲时间进行与众不同的放松活动。

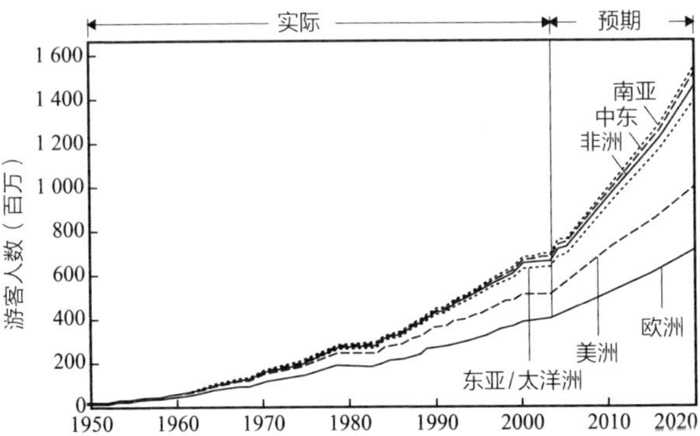

图 38 从游客角度看全球旅游业

自 20 世纪 50 年代末以来，旅游业全面迅猛地增长。以下是一些明显的原因：

- 有带薪假期的人数增加。
- 平均可支配收入的增加（将这些收入用于休闲）。

- 交通技术的提高——减少距离带来的阻力。
- 更多的道路和更高的速度。
- 汽车拥有量增加。
- 航空业发展，包括战后军事转民用的训练有素的飞行员，以及大量飞机。
- 旅游行业的发展。
- 媒体毫无疑问地助长了许多人出行的渴望，比如从一块更不为人知的岩石跳下，或与一条更危险的大鱼共游。这种对愉快边缘的渴望促使退休的有钱人、间休年[①]的旅行者和爱与邻居攀比的人不断探索世界。

旅游业是一股正能量?

许多人的第一反应或许是：旅游并不一定能成为一股正能量。但偶尔以乐观主义的态度看事情或许也不错。

经济问题

从积极的角度讲，游客带来的外汇肯定是好事，因为

① 间休年（gap-year）也称间隔年，通常指西方国家的青年在升学或毕业后选择休息，做一次长期的远途旅行，时间多为一年。——审校注

它能促进当地经济产生“乘数效应”，并为国内生产总值（GDP）做贡献。即使一些第三产业的服务并不健全，在这里值得补充的是，旅游业或许可以带给当地的乡村居民更大的食品销售市场。这样一来，潜在的好处是可以阻止人们涌向城市。在低收入国家，或许任何能降低城市化速度的事情都是有好处的。

旅游对经济的负面影响可能包括物价猛涨，从食物到土地的涨价都得由当地人承担。其次，对旅游业的维持需要有资金投入基础设施的建设。如果这些基础设施使更多人获得电力供应或者干净的水源，那么也会有更多人受益。目前，旅游业对经济发展的最大负面影响是相对的收益漏损。如果你在一家国际连锁宾馆入住，你产生的利润也许会漏损，在宾馆所属的国家被扣税。你所住宾馆里的经理们可能是训练有素的公司精英人士，他们的美元工资会直接打入他们在美国的银行账户里。最后，还有产品的漏损。比如，世界上最国际化的啤酒品牌（在世界上大多数国家均有售的品牌）是“喜力”，鉴于大多数游客来自欧洲，这将是很多人想选择的牌子，所以旅游目的地也必须进口这种啤酒或者在当地持执照酿造。

除上述这些之外，还有潜在的依赖问题。靠旅游业发展的国家其实将自己置于很危险的境地。一旦因为全球性萧条，或者游客担心恐怖分子威胁而不愿坐飞机，或者仅仅是因为发现了新的度假胜地，这些国家都可能发现机场不再有那么多游客降落，音乐不再连续播放，街道不再满是行人，而这一切并非它们自己的错。

环境问题

对一些人来说，重新开发一个古色古香的希腊渔湾，或者砍掉一片红树林来建包括一切费用的度假飞地，听起来是不可理喻的事情。不幸的是，游客会带来金子！关于旅游业的环境影响和经济价值的争辩是这一领域最多的讨论。可以这么说，无论是自上而下发展旅游业的突尼斯政府，还是自下而上发展的津巴布韦CAMPFIRE项目（本土资源公共区域管理方案），环境与经济之间的平衡并不总是有利于环境。不过，这里也是事情开始出现转机的地方，因为旅游业已经发现了最新的、有利可图的市场——生态旅游业。

文化问题

在遥远的未来，我们都将成为真正的全球公民。在麦当劳、可口可乐和达美乐比萨的滋养下，我们将驾驶着福特车前往英国机场集团（BAA）管理的机场，搭乘维珍航空公司的航班，入住假日酒店。当然，与此同时，我们都会听着iPod（苹果公司音乐播放器）里的玛利亚·凯莉（Mariah Carey）的歌。瞧，那个时候我们将会实现真正的全球化。

旅游业建模

如果你研究过旅游业，那么你唯一真正见过的模型或理论可能就是巴特勒模型（图39）了。

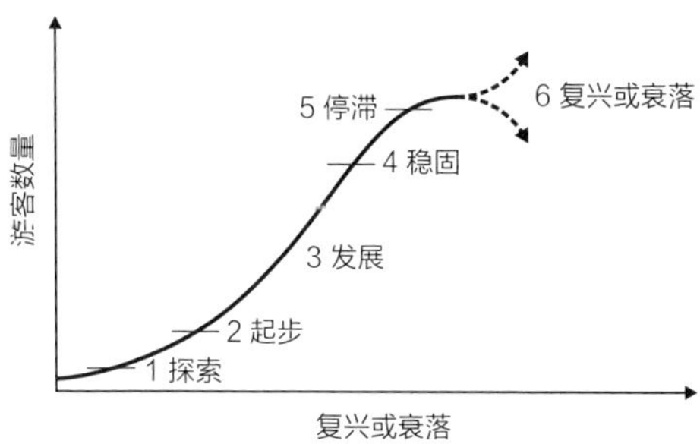

图39 巴特勒模型

如果你毕业于任何产品营销的专业，你就会知道图39的巴特勒模型其实就是产品生命周期。最具代表性的例子是度假胜地的周期，它真的不是什么深奥的科学。阶段 1 就是，随着越来越多的人来访，一个度假胜地被“发现”。然后当地社区开始利用这一机遇并参与发展（阶段 2）。随着时间的推移，该目的地的人气开始增长，附近的设施也得以开发。因为游客数量上升和收入增加，这成为许多度假胜地的“黄金时代”。但也正是在这稳固时期，许多度假胜地错过了为下一阶段发展做准备的机会，同时竞争更激烈，游客的口味不断变化。有些度假胜地可能会发生变化并设法复兴，而另一些则会停滞不前或就此衰落。

累积因果理论或“乘数效应”

贡纳尔·默达尔（Gunnar Myrdal，1898—1987）是一位瑞典经济学家，他把一个在某地建立起来的新产业（如飞地酒店）所带来的各种经济影响全部归纳起来，命名为累积因果理论。他在 1974 年成为了诺贝尔经济学奖得主之一。图 40 说明了来自游客的钱可以在一个区域扩散开来，带来的效益远超过最初的接收者。当然，就像在底特律或考文垂的汽车厂倒闭一样，旅游景点的消亡可能会迅速发生，而且并不能归咎于那里的人。正是因为这一原因，2004 年印度洋海啸之后，很快就出现了各种针对游客的呼吁，希望游客不回避受灾的区域。来自游客的财政收入也许会变幻无常，但作为援助，这笔钱是至关重要的。这也是为什么在 2010 年海地地震之后，尽管太子港遭受到了大规模的破坏，但游轮仍被恳求继续前往海地北部海岸。

不幸的是，这一理论似乎最经常以其招人厌的“表兄”的形式出现——负面乘数效应。

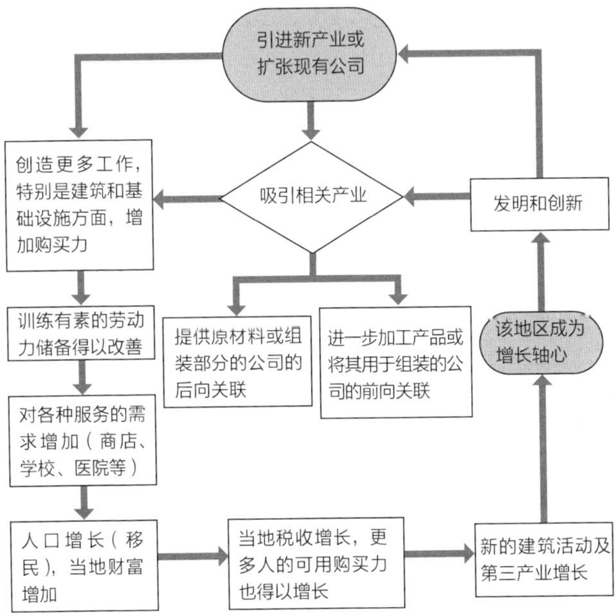

图 40 乘数效应

发展

*

冷战期间（1945—1991 年），全球国家的划分完美地反映在了那些给不同富裕程度的国家贴的标签上。“第一世界”通常指的是美国等发达国家，“第二世界”是新兴的工业化国家，剩下的就都属于第三世界。在 21 世纪，对于第三世界这一术语的运用无疑是偷懒的，但它持续出现在媒体上以及大众的口中。在全球化背景下，这一划分的内在阶级性也变得多余，各个国家都开始迅速发展了。

南北划分

1969—1974 年的联邦德国总理维利 · 勃兰特（Willy

Brandt），首次提出了在20世纪70年代被称勃兰特线的概念。勃兰特线将世界地图一分为二。富有的国家在北方，而贫穷的国家在南方。这条线今天仍然被使用着，虽然许多国家的发展已经改变了这条线的确切位置，但整体的概念仍然被保留了下来。

多年来，随着自由主义、政治正确和常识的影响，发达和相对不发达的标签已经改变了。我将踩着重塑这一概念的雷区，向读者简要介绍我们是如何得到高收入国家（HIC）、低收入国家（LIC）和中等收入国家（MIC）这些概念的。是的，现代世界充满了HIC、LIC和MIC。

从发展中国家到南方国家——"发展中"这一标签带来的负面含义促使勃兰特做出了语言上的改变。

从南方国家到LDC——在20世纪80年代，人们意识到贫困是一个相对的问题，于是各个国家被划分为了较发达国家（MDC或MDW）和欠发达国家（LDC或LDW）。

从LDC到LEDC——在20世纪90年代，我们意识到对于大多数人来说，生活中有许多比现金更重要的东西，于是开始认可其他的发展因素。最主要的区别在于，生活质量的度量被提出，取代了一般的生活水平指数。于是，所有课本都不得不被重新改写，所有的老师也得熟悉经济欠发达国家（LEDC），经济发达国家（MEDC）和新兴工业化国家（NIC）。新兴工业化国家指的是自 1950 年以来经济迅速发展的国家，比如韩国和马来西亚。

从LEDC到LIC——这种称呼在近几年才开始出现在考试委员会的教师规范上。世界一直在改变，联合国或者国家统计中心的文书人员要想出新的理由来保住他们的饭碗，新的命名就会出现。LIC这个概念是联合国世界银行基于国民总收入（GNI）来划分的产物。GNI就像曾经的GDP一样，但包括付给国家的利息和分红（当然要减掉付出的）。随着世界在商业层面变得更加全球化，这个统计数据应该会被长期使用。

金砖四国

在外交和地缘政治圈里，有一个缩写打从我们学生时代开始就一直在挑战所谓的“旧世界秩序”。巴西、俄罗斯、印度和中国这 4 个国家的英文首字母连起来是“BRIC”，因此被称为金砖四国。这个名称最初是高盛集团在 2001 年对这几个国家的称呼，如今已经被媒体广泛使用了。有人相信，到 2050 年，金砖四国的财富总值将比 G6 国家（六国集团）的总值还要高。

什么是发展？

衡量发展

比较一起长大的两兄弟可能很容易，你可以说“他比他哥哥聪明”。比较两个或以上的短跑运动员可能也很容易，“他们都比尤塞恩·博尔特（Usain Bolt）跑得慢”。但是，如何比较有着不同文化、不同价值观、问题和资源各异的国家呢？答案是统计数据。

生活水平

如果告诉你某国家在移动电话拥有者百分比的排名中排第8，这有什么用？（比如英国的这一百分比居然高达123%。这也很好地证明了这种数据的无用性。）如果你觉得这有用，那么我确定你一定属于非要把每个苹果和橘子都测量一遍并且比较它们的那种人。人均国内生产总值依旧是衡量生活水平最常用的指标，尽管最近，人均国民总收入已经取代了它。所有这些度量都反映了国家的经济状况，并隐藏了社会中的种种不平等。于是，现在，这些指数通常和生活质量指标一起使用来互相补充。

生活质量

成百上千海外慈善机构的杂志广告告诉我们，一个国家的居民的生活照片比干瘪的数据能传达更多信息。生活质量指标的目的，就是试图达到图像所具有的作用，让我们从中瞥见某国家人民的生活。表 19 列举了数个国家各个标准的不同数值，以展现它们在不同方面的表现。筛选过程中并没有运用任何随机化、系统化或者分层划分的方法。

表 19　各个标准的对比

	生活水平		生活质量		联合国综合指标
国家	人均国民总收入	人均国内生产总值	婴儿死亡率[1]	成人识字率[2]	人类发展指数[3]
美国	4 000（6）	44 000（8）	6.3（180）	99.0（19）	0.956（13）
英国	37 000（10）	39 000（13）	4.8（193）	99.0（19）	0.947（21）
法国	35 000（17）	37 000（18）	4.3（170）	99.0（19）	0.961（8）
澳大利亚	35 000（18）	37 000（15）	3.3（217）	99.0（19）	0.970（2）
印度	731（146）	817（160）	30.2（103）	61（147）	0.612（134）
孟加拉国	445（167）	429（183）	59.0（39）	47.5（164）	0.543（146）

（续表）

	生活水平		生活质量		联合国综合指标
国家	人均国民总收入	人均国内生产总值	婴儿死亡率[1]	成人识字率[2]	人类发展指数[3]
马拉维	157（190）	170（205）	89.0（14）	64.0（146）	0.493（160）
布基纳法索	390（171）	457（182）	84.5（15）	23.6（177）	0.389（177）

1. 该指标定义为，在出生后一年之内死亡的婴儿的数量。数据来自 2009 年美国中央情报局《世界各国概况》。

2. 联合国教科文组织给出了一个标准，即 15 岁及以上人口中可以阅读并能够写一个关于他/她日常生活的简单短句的人群所占百分比。

3. 人类发展指数（HDI）是目前比较国家时常选择的依据。这个综合指数的最高值是 1.000。它包括的元素有预期寿命、成人识字率和国内生产总值。该指数于 1990 年开始使用。数据来自 2009 UNDP。

注：在括号里列出的排名是包括了所有国家在内的排名，所以超过了通常的 193 个联合国正式成员国。

世界上的国家总数

正如本书中众多其他表单一样，对于世界上到底有多少个国家这个问题，没有一个绝对的答案。因为有的国家其实是公国，有些国家也因为统治所属而存在争议。表 20 是整体情况的总结。

表 20　国家总数的统计

机构或集团	数字
联合国	192 个正式成员国 + 梵蒂冈 = 193
美国中央情报局《世界各国概况》*	266
美国国务院	194

* 美国中央情报局《世界各国概况》的数字最大、因为它把世界再细分为“世界实体”，比如英属曼岛。

经济发展的阶段

许多人相信，所有国家都会经历和英国、其他欧洲国家以及美国一样的发展过程和阶段。好消息是，尽管印度人在指标上排位很低，但他们用自己的火箭和卫星科技来跟踪鱼群，帮助渔民维持生计。换句话说，你可以通过复制前人成果的方法跳过一些发展阶段，而不是自己白手起家。在第二次世界大战结束后，日本的本国工业被摧毁，不过日本人发现他们可以用自己的方式进行当代的发展。

罗斯托经济发展模型

1969 年，沃尔特·罗斯托（Walt Rostow）提出了这个精练的模型（图 41）。该模型基于欧洲国家和美国的经验，显示了这些国家是如何发展的，并通常被用于预测其他国

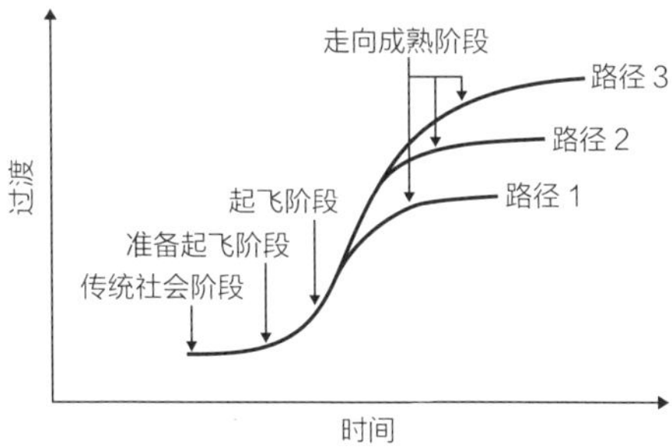

图 41 罗斯托经济发展模型

家将会走的路。为什么它仍然被叫作“起飞模型”？很简单，因为从第一批介绍这个模型的教科书到现在，模型中的每个阶段都对应了一种型号的飞机。

- 传统社会阶段——小鹰飞行器
- 准备起飞阶段——“一战”双翼飞机
- 起飞阶段——波音 747
- 走向成熟阶段——协和式超音速喷射客机

这个模型中十分关键的一点是，罗斯托认为，一个国家需要把每年 5%~15% 的国民生产总值（GNP）重新投入到发展中，才能度过关键的起飞阶段。尽管受到许多批评，模型中这个重新投资的观点，能帮助解释为什么许多低收入国家无法发展起来。债务偿还、灾害、突发事件以及大量人口增长，都蚕食着社会或政府可能用于发展的投入。

环境决定论

这一观点可以追溯到斯特拉波（Strabo）。直到现在，有人在分析欠发达地区的起源和成因时仍用这种理论来解释。最简单地说（也是最不合适的说法），环境决定着人和他们的文化。在20世纪20年代，该观点（叫它理论是对理论这个词的玷污）就被大多数人否定，但理论中的某些观点仍然沿续了下来，这也成为如今很多问题的含蓄解释。

援助

就像盒子里的巧克力一样，援助有许多不同的形式或种类：甘甜的软心糖是来自非政府组织（NGO）的慷慨解囊，而暗藏恶意的香橙奶油则像限制性援助。相比可靠、廉价并能在分散的乡村地区工作而不会酝酿革命的NGO援助，限制性援助顾名思义，就是有局限的。把本国未来的支出和援助国捆绑在一起总让人感觉不太自在，但需要被援助的国家通常没有选择，而有时这种安排也对双方都有好处。

NGO——提到援助，人们通常首先想到非政府组织或者慈善机构。全世界的国际非政府组织大约有4万个，而每个国家数量不等，在英国大约有17万个，而印度则有将近200万活跃的机构。这类机构不在政治上站边，它们中立的立场对于获得准许以帮助需要的人们十分重要。

限制性援助——从根本上说，这种形式就是提供援助的政府在给予援助时附加要求，使未来受助国必须从它们那里购买服务或者商品。喜人的是，限制性援助正被逐渐取代，英国在2001年就彻底取消了这一援助方式。同年，经济合作与发展组织（OECD）也开启相关程序，于2002年新年那一天消除了限制性援助。

双边援助——双边援助指一个援助国给予一个受助国的援助。这种方式常见于曾经拥有殖民地关系的两个国家之间，例如，英国在三年内向印度提供了8.25亿英镑的双边援助。显然，这种给予背后有一丝为历史补偿的意味。

多边援助——对于看24小时新闻的人来说美国国际开发署（USAID）就像《陆军野战医院》这部电影对某个年龄段的人群那样熟悉。然而，你可能不太熟悉欧洲援助合作办公室（EuropeAid）。这是欧盟委员会负责组织对非欧盟国家援助项目的部门的名称。除了联合国，欧盟是最大的双边或多边援助给予者，每年经手全世界60%的援助。

艾滋病对发展的影响

美国国际开发署的执行主任彼得·皮奥特（Peter Piot）认为，艾滋病已经成为了“发展的最大障碍”。全世界感染艾滋病病毒的人口中，有约66%都生活在非洲撒哈拉以南地区。现实是残酷的：直接的医疗花费是每人每天30美元，而这些国家的平均健康开支只有每天10美元。这一疾病的特性使得健康工作者——这些最被需要的人——十分容易受感染。1999—2005年，博茨瓦纳损失了17%的卫生保健工作者。另外，艾滋病对农业的影响也令人震惊，到2020年，马拉维的农业劳动力会比它应有的人数减少14%。

世界上如此多的国家都在和艾滋病抗争，仅仅是为了勉强维持经济的稳定，罗斯托式的发展还需要等待一些时日。

后记

我的妻子可以仅根据法国汽车车牌上的两个数字分辨出它来自哪里。我的美国朋友可以背出美国每个州的徽章，我的澳大利亚哥们儿可以把英国的国王和王后们倒背如流。曾经，擅长地理学意味着善于记忆事实和数字及地点和河流名称。这种“熟记海岬和海湾”式的地理学随着对自然和人类活动调查增多，而在20世纪60年代末开始消失了。最近，由于人们意识到大量知识的出现，一个更具描述性的学科焦点已经开始出现了，也就是所谓的“地理学的计量革命”。

那么，在21世纪，地理学的重要性到底是什么呢？在这个各种信息圈迅速增长的世界上，我们更加需要一个整体的视角来把多元的新发现联系起来。没有任何一个问题是独立存在的，事实上，地理学家常常因媒体把目光局限在对单一事件进行简单的分析而感到沮丧，我们应当考虑更广泛的人类和自然世界的综合影响。当然，气候变化是最有预见性的展示。正如2009年哥本哈根峰会的失败教训所显示的那样，处于不同经济发展阶段的国家之间达成共识恐怕太难，毕竟每个国家有不同的优先事项和不同的资源。接下来，我们将继续目睹“气候门”[①]和“冰川门”[②]带来的愤怒破坏未来任何可能达成的共识。所有的气候变化争论都有另一个生死攸关的问题：危机四伏的海岸、河漫滩地区过多的人口，和厄尔尼诺现象相联系，而厄尔尼诺现象又与极端洪水有着千丝万缕的关联。所以，许多类似的问题都需要用一个整体的视角看待，也意味着需要地理学家的参与。现代地理学是一门了解自然世界和人类世界内部以及两者之间关联的学科。此外，该学科也将使用像地理信息系统这样的技术，以简单的术语来帮助解释复杂的事物。

---

① “气候门”即气候研究小组电邮争议事件，是指在哥本哈根气候变化大会前夕，东安格里亚大学的气候研究小组被黑客入侵，一系列电子邮件和档案被公开。许多气候变化怀疑论者认为，那些电子邮件是为了有意将气候变化归咎于人类活动，并模仿水门事件将此事命名为“气候门”。——编者注

② “冰川门”指政府气候变化专门委员会报告中关于冰川的错误表述。这一表述称“喜马拉雅冰川将在2035年消失”。——编者注

那么，为什么媒体会不愿意邀请地理学家做评论和分析呢？也许是“熟记海岬和海湾”时期的遗留印象导致的？也许有人确实以为地理学只是给地图填色的活动？如果你通过阅读本书意识到地理学不仅仅是填色，或者在常识问答游戏里能够回答出一些蓝色栏的地理问题，那么我们就做了一件了不起的事。

延伸阅读

Cool It: The Sceptical Environmentalist's Guide to Global Warming, by Bjorn Lomborg, Marshall Cavendish, 2009

An Appeal to Reason: A Cool Look at Global Warming, by Nigel Lawson, Duckworth, 2009

Six Degrees: Our Future on a Hotter Planet, by Mark Lynas, HarperPerennial, 2008

The Global Casino: An Introduction to Environmental Issues, by Nick Middleton, Hodder Education, 2008

Collapse: How Societies Choose to Fail or Survive, by Jared Diamond, Penguin, 2006

The Vanishing Face of Gaia: A Final Warning, by James Lovelock, Penguin, 2010

The Map That Changed the World: A Tale of Rocks, Ruin and Redemption, by Simon Winchester, Penguin, 2002

致谢

感谢我的家人的鼓励。感谢皮特·布尔与克里斯·约瑟夫让这本书从无到有。感谢克里斯泰勒和弗勒夫的帮助。

同样感谢戴维·伍德罗夫为本书创作的插图，同时感谢多米尼克·恩赖特与凯特·英斯基普。